# Galileo
少年伽利略

**Contents**

# 只要利用統計就能了解社會上發生的事！

何謂統計的「2大功能」？

**統**計（statistics）有 2 個功能。第一個是從生活上的現象收集資料，再以淺顯易懂的方式顯示其資料具有何種意義，其特徵會以圖表、「平均」（mean）、「標準差」（standard deviation）等等數值來表示。

統計的第二個功能，是預測未知的結果。以預測選舉的當選者為例，「出口民調」（exit poll）顯示，只要對一部分有投票權的人進行問卷調查，就能夠預測當選人。因此統計能夠以部分資料為基礎，來推測整體的情況。

還有經濟、政治、醫療……，社會上所有現象都是統計所調查的對象。簡而言之，統計是從有限的資訊，簡潔呈現複雜的社會發生了什麼事，並予以預測未來某事情發生機率（probability）的一門數學學問。

## 總統選舉的結果為何？

美國的統計學家席佛（Nate Silver，1978～）對2012年美國總統大選的選情，自行對民意調查的結果與過去的選舉結果進行加權統計，預測出選情「對歐巴馬有利」。而且，也說中了所有各洲的當選者。

### 國民的收入與平均壽命的關係為何？

統計專家羅斯林（Hans Rosling，1948～2017）博士以分布圖分析出世界各國的收入與平均壽命的關係。分布圖的縱軸為平均壽命，橫軸為每人平均收入，圓形大小代表該國人口數。可知收入愈多的國家，其平均壽命有愈長的趨勢。

# 將資料圖表化就能一目了然

## 透過資料圖表化來理解各方面的意義

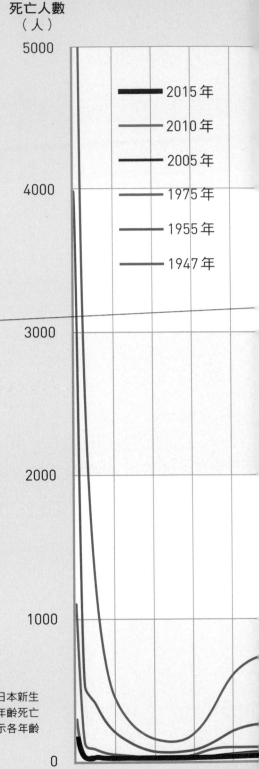

死亡人數
（人）

- 2015 年
- 2010 年
- 2005 年
- 1975 年
- 1955 年
- 1947 年

**右**圖為日本男性每10萬人死亡人數的分布圖，以年齡區間表示。只要看一下這張圖，就會明白日本社會的變化趨勢，現在的男性比過去的男性更長壽。

從最早的1947年趨勢圖來看，1歲前就已死亡的男嬰超過5000人。12歲左右的兒童死亡人數雖有降低，但只要活到20～30歲，不論幾歲都有超過500人死亡。死亡人數的最高峰落在70歲左右。

另一方面，從2015年的趨勢圖則會發現 3 歲以下的男嬰死亡數驟減，而且在75歲前的所有年齡死亡人數也已減少很多。然而死亡人數從70歲起快速增加，並在85歲之後來到最高峰。

整體而言，可知日本已從「跨距很寬的分布曲線＝每個年齡層都有很多人死亡的社會」轉變成「高峰右移的分布曲線＝多數人都長壽的社會」。將資料予以圖像化便是統計分析的第一步。

※分布圖是假設10萬個日本新生男嬰成長過程中在各年齡死亡率的變化情況，會顯示各年齡有多少人死亡。

# 日本男性於各年齡層的死亡人數（每 10 萬人）

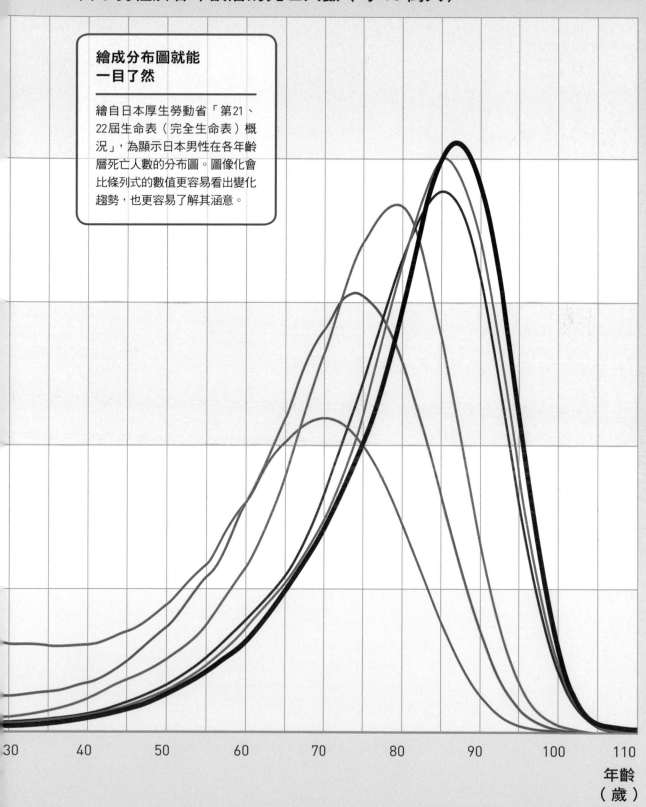

**繪成分布圖就能
一目了然**

繪自日本厚生勞動省「第21、
22屆生命表（完全生命表）概
況」，為顯示日本男性在各年齡
層死亡人數的分布圖。圖像化會
比條列式的數值更容易看出變化
趨勢，也更容易了解其涵意。

30  40  50  60  70  80  90  100  110

年齡
（歲）

# 小心平均值裡藏有誤區

## 平均值容易受到極端值影響

現金（萬元）

平均值為「5萬元」

會拿自己跟平均值相比，應該是人之常情吧！自己高於平均就會覺得安心，若是低於平均就會感到不安。

計算數據的「平均值」（mean value）是統計學的第一步，平均值就是「所有數值的總計值除以數據的個數」。

一聽到平均值，大家可能會以為是「中間值」，但有時候並不是這樣。

假設有5個人，身上的現金分別是3萬元、4萬元、5萬元、6萬元、7萬元，這5人的平均現金為「5萬元」。但是，只要多加一位持有23萬元的人進來，平均值就會一口氣躍升至「8萬元」，因此最初5人持有的現金，就會低於6人的平均值。由此可知，平均值很容易受極端值影響，必須要多加小心。

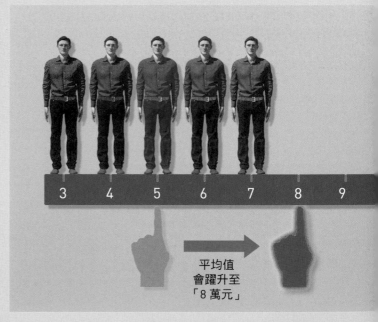

平均值會躍升至「8萬元」

## 翹翹板平衡的支點位置是「平均值」

在顯示現金的數線上，列有每個人所擁有的金額。將數線視為翹翹板時，左右平衡的支點位置就相當於平均值。只要加入極端值，翹翹板的平衡就會完全崩潰。要再度取得平衡，就要大幅挪動支點的位置（平均值）。因此可知，平均值很容易受極端值影響。

**平均值的公式**

$$平均值 = \frac{數據_1 + 數據_2 \cdots\cdots + 最後的數據}{數據個數}$$

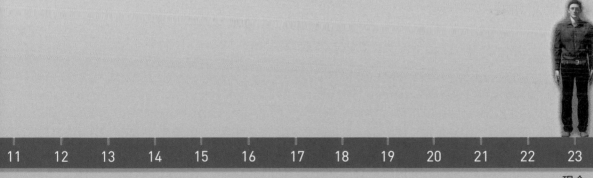

現金（萬元）

# 彌補平均值缺點的資料分析方式

## 最重要的是要找出資料分布的代表值

如第 6 ～ 7 頁所述，平均值是很常用的代表值（representative value，顯示資料特徵）之一，但有時候它會出乎您對資料實際狀況的認識。

遇到這種情況，有時就要使用其他的代表值。下圖為日本 2 人以上家庭的存款分布圖，上面顯示平均存款為「1812 萬日圓」，若您聽到這個數字會驚呼：「大家都這麼有錢

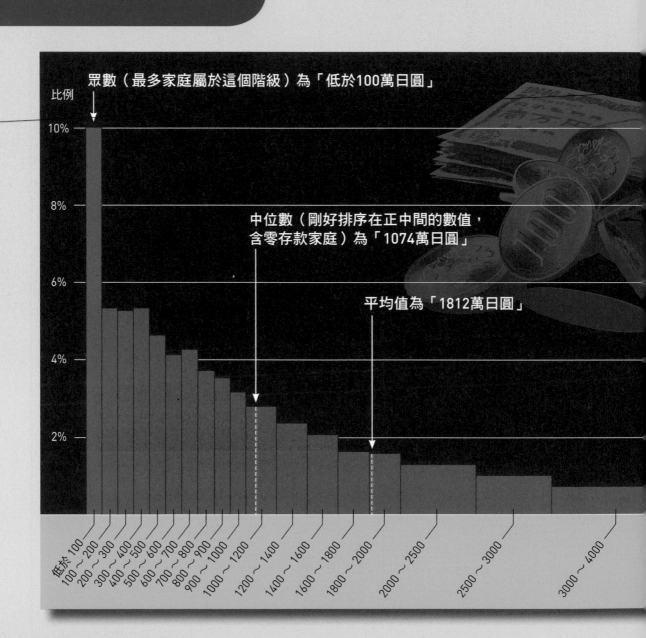

眾數（最多家庭屬於這個階級）為「低於100萬日圓」

比例

10%

8%

中位數（剛好排序在正中間的數值，含零存款家庭）為「1074萬日圓」

6%

平均值為「1812萬日圓」

4%

2%

低於 100
100～200
200～300
300～400
400～500
500～600
600～700
700～800
800～900
900～1000
1000～1200
1200～1400
1400～1600
1600～1800
1800～2000
2000～2500
2500～3000
3000～4000

嗎?」那就是中了平均值陷阱的證據。因為在平均值附近的人數未必是最多的。

眾數是資料中占比最高的數值。請看下圖,可知存款範圍低於100萬日圓的家庭數是最多的。

此外,中位數是將資料由小到大排列時,位於最中間的數值。以下圖而言是1074萬日圓。

實際上高於平均存款的家庭只占整體的3分之1(約33%)。將眾數跟中位數都考慮進去時,會清楚發現擁有高額存款的階級層,拉高了整體的平均值。

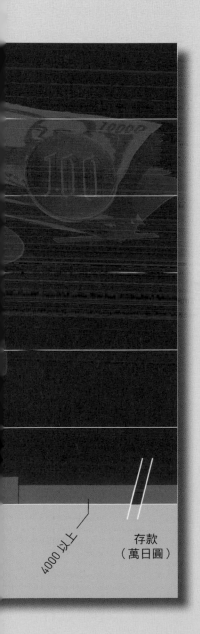

4000以上

存款
(萬日圓)

### 日本各家庭的平均存款為多少?

日本2017年的2人以上家庭的存款分布圖(引用自2018的日本總務省「家計調查報告 存款與負債篇」)。其平均值雖為「1812萬日圓」,但實際上多達67%的家庭低於平均值,而圖中的橫軸省略了4000萬日圓以上的家庭,所以實際上橫軸會再向右延伸。

# 男生跟女生哪個上榜率比較高？

## 觀察整體跟局部會得到不同結論

假設有間大學只有理學院跟醫學院，某年入學考試的結果顯示，男考生的上榜率為53.6%，女考生的上榜率為43.0%，比男生少了10%以上。這份資料似乎顯示出「女生比較不擅長入學考試」。

然而奇妙的是，只要將學院的上榜率分開來看，就會得到完全相反的結論。不管是理學院或醫學院，女考生的上榜率都高於男考生。

這個現象稱為「辛普森悖論」

### 女生比較不擅長入學考試？

圖示為某間假想大學的入學考試統整資料（與照片中的大學無關）。以整間大學來看，男生的上榜率會高於女生。然而，只要將學院分開來看，就會得到完全相反的結果。

**男生**
考生人數：645名
上榜人數：346名
落榜人數：299名

**女生**
考生人數：395名
上榜人數：170名
落榜人數：225名

男考生的整體上榜率

女考生的整體上榜率

上榜率
53.6%

上榜率
43.0%

（Simpson's paradox）。英國的統計學家辛普森（1922～2019）於1951年舉出這個例子，指出關注整體跟關注局部會得到不同的結論。

雖然上述只是以假想的入學考試為例，但其實上，真的發生過這個悖論的實例。

這個悖論談的是只看整體或只看局部都會導致錯誤的結論。使用別種更好的統計方法也好，或是惡意使用這個悖論也罷，會變成只強調整體或局部數據來佐證自己的結論。希望大家不要陷入統計的誤區迷思，要記得這個悖論喔！

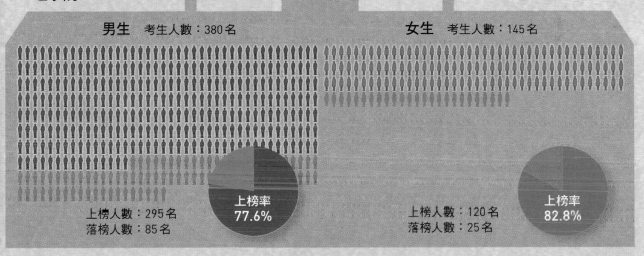

### 理學院

**男生** 考生人數：380名

上榜人數：295名
落榜人數：85名

上榜率
77.6%

**女生** 考生人數：145名

上榜人數：120名
落榜人數：25名

上榜率
82.8%

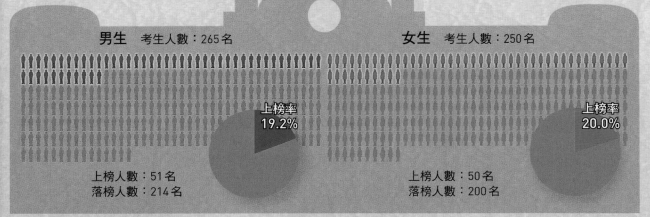

### 醫學院

**男生** 考生人數：265名

上榜人數：51名
落榜人數：214名

上榜率
19.2%

**女生** 考生人數：250名

上榜人數：50名
落榜人數：200名

上榜率
20.0%

# Coffee Break

# 職棒球員為何大多於 4～7月出生？

**調**查日本職棒球員出生月份之後發現，多數人出生於4～7月，而出生於12～3月的人相對較少。

為什麼會有這個現象呢？若同天生日的 6 歲兒童跟 7 歲兒童比賽賽跑，一定是 7 歲兒童有利。同樣地，4～7 月出生的小朋友會比同學年於 12～3 月出生的小朋友多成長一些，體育或學業表現也會比較好，這個現象稱為「相對年齡效應」（relative age effect）。因此很多 4～7 月出生的棒球少年，會比同學年的其他棒球少年得到更多褒獎及被提拔的機會，較容易展現出打棒球的能力，而 12～3 月出生的棒球少年可能會低估自己打棒球的能力，繼而放棄了棒球。

在英國等其他 9 月開學的國家，也有相對年齡效應，多數運動員於 9～12 月誕生。

※ 日本的學制與台灣不同，以每年 4 月為新學年度

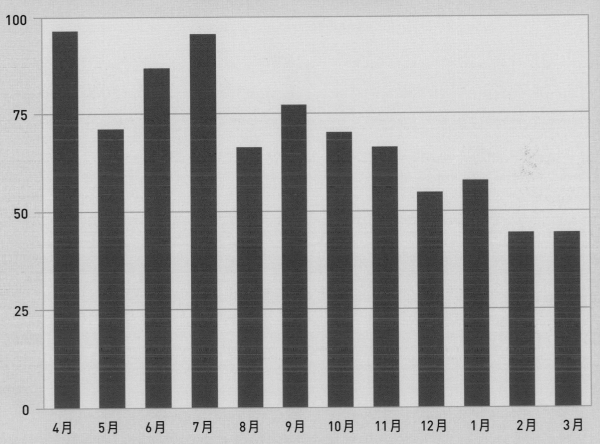

球員數（人）

日本職棒球員大多於春季～初夏出生

分布圖改寫自『職棒資料』網站（https://baseball-data.com/）。

# 連身高跟成績都是……世界上到處都是「常態分布」！

## 左右對稱的鐘形分布才是統計的關鍵

**高矮不一的身高裡藏有「常態分布」**

將一群平均身高為175公分的男學生，以每2公分為一個刻度分群，並讓每群排成一排，整體隊伍看起來就會如圖所示的鐘形。像這種鐘形分布的資料稱為「常態分布」。

**將**學校的男學生身高以每2公分為一個刻度分群，並讓每個刻度群排成1排，隊伍看起來就會像右圖般的對稱鐘形。資料如鐘形般的分布稱為「常態分布」（normal distribution）。目前已知生活上有很多現象都屬於常態分布，如學校的考試成績等。。

而且，常態分布還會出現在各種不同的統計分析中，因此可運用於多種統計類型，例如電視的收視率預測、民意調查、工廠的品質管理等方面。

基於上述原因，常態分布在統計學中可說是特別重要的分布。

| 158cm 以上 未滿 160cm | 160cm 以上 未滿 162cm | 162cm 以上 未滿 164cm | 164cm 以上 未滿 166cm | 166cm 以上 未滿 168cm |
|---|---|---|---|---|

| 168cm | 170cm | 172cm | 174cm | 176cm | 178cm | 180cm | 182cm | 184cm | 186cm | 188cm | 190cm |
| 以上 | 以上 | 以上 | 以上 | 以上 | 以上 | 以上 | 以上 | 以上 | 以上 | 以上 | 以上 |
| 未滿 | 未滿 | 未滿 | 未滿 | 未滿 | 未滿 | 未滿 | 未滿 | 未滿 | 未滿 | 未滿 | 未滿 |
| 170cm | 172cm | 174cm | 176cm | 178cm | 180cm | 182cm | 184cm | 186cm | 188cm | 190cm | 192cm |

# 「重複性」會創造常態分布

## 以彈珠台來認識常態分布

**遊**戲剛開始時，彈珠會從彈珠台上方落下。彈珠每撞擊一次針腳，就會往右或往左落下。如此一來，只要將大量的彈珠放入彈珠台，累積於下方的彈珠就會形成左右對稱的鐘形分布，換句話說，也就是呈現常態分布的圖形。這是為什麼呢？

撞到針腳的彈珠只能被迫「往左或往右」二選一。假設往右跟往左的機率相等，每次撞擊針腳都一直固定往右或往左的情況會非常少見。因此，底層右端跟左端照理說不會累積太多的彈珠。

另一方面，像「右右左左右」或「右左右左右」般，大部分的彈珠向右前進的次數跟向左前進的次數會差不多，這些彈珠便會聚集在中央附近。所以這種二選一的重複性，會創造出鐘形的常態分布。

### 彈珠台創造的常態分布

彈珠每撞擊一次針腳，就會向右或向左前進。向右前進的機率等於向左前進的機率時，累積於底層的彈珠便會呈現常態分布。

# 利用常態分布識破麵包店的謊言！

## 天才數學家龐加萊用了什麼方法？

「**那**」間麵包店的麵包重量，是不是有造假？」

法國的數學家龐加萊（Henri Poincaré，1854～1912）利用常態分布的特性識破了麵包店的謊言，聽說被龐加萊戳破謊言的麵包店老闆感到非常錯愕。

如前述例子，已知某現象繪成分布圖會呈現常態分布，那當分布圖不符合常態分布時，就可以推測這筆資料出現了異常。

例如，在製造業的現場想檢測零件品質的時候，就會使用常態分布。工廠正常運作時，大量零件的大小跟重量，會如同麵包一樣呈現常態分布。如果分布圖開始偏離常態分布的話，就可推測工廠某方面發生異常。

### 透過資料分布的調查，再度識破麵包店的謊言

龐加萊將 1 年來每天買的麵包重量，繪製成分布圖（如右頁上圖），識破麵包店並不是以聲稱的「1 公斤」為標準來販售，實際上只有「950公克」。麵包店被看破手腳之後，龐加萊又再度畫了一個分布圖（如右頁下圖）。新的分布圖比原本的（虛線）還偏右，平均重量在950公克以上，但是數據還是大部分落在950公克附近。由此龐加萊便知道，麵包店仍然繼續在做950公克左右的麵包，只是賣比較大的麵包給自己而已。

參考文獻：『以機率與統計閱覽世界』（Bart K. Holland著，日本白揚社）

個數

個數

龐加萊

10 月

| | |
|---|---|
| 1000g | 970g |
| 990g | 940g |
| 1050g | 880g |
| 900g | 1040g |
| 880g | 900g |
| 970g | 920g |
| 960g | 1130g |

| | |
|---|---|
| 1010g | 930g |
| 890g | 940g |
| 880g | 960g |
| 950g | 890g |
| 970g | 1020g |
| 940g | 940g |
| 980g | 1060g |

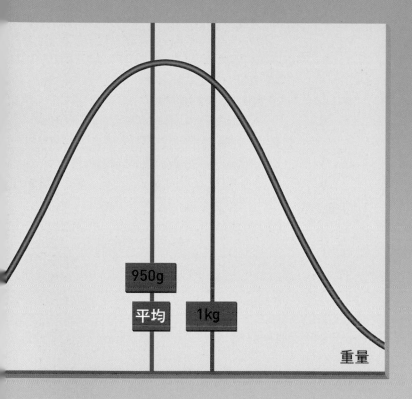

950g

平均　1kg

重量

1kg

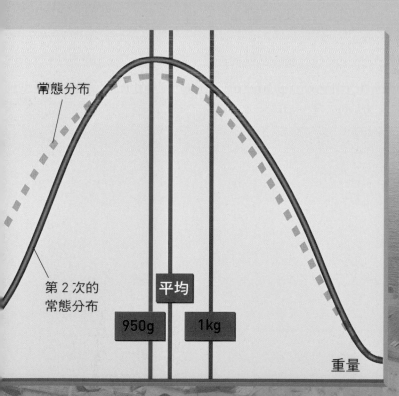

常態分布

第 2 次的
常態分布

平均

950g　1kg

重量

# 常態分布指出打假賽的可能性

## 常態分布在發掘異常方面特別有效

美國的經濟學家雷維特（Steven Levitt，1967～）博士參考 1989～2000 年日本相撲協會舉辦的相撲比賽勝負資料後，發表了一篇論文，暗示其中有一部分的對戰組合可能是打假賽。

假如所有相撲選手的實力皆相同的話，獲勝的次數可繪成左頁圖中之藍色鐘形曲線（常態分布）。意即，7 勝 8 敗跟 8 勝 7 敗的選手人數會最多，而且這兩個區間的選手人數也

**相撲的對戰結果**

分布圖改編自 Duggan, N., Levitt, S.D.（2002）."Winning is everything: Corruption in Sumo Wrestling"。

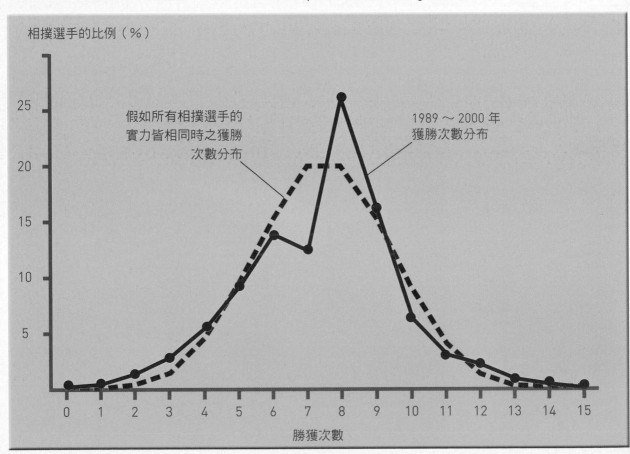

相撲選手的比例（%）

假如所有相撲選手的實力皆相同時之獲勝次數分布

1989～2000 年獲勝次數分布

勝獲次數

會差不多。

然而，實際的勝敗數（紅色折線）卻顯示 7 勝 8 敗的相撲選手極少，8 勝 7 敗的相撲選手極多。雷維特博士根據這點指出，可能有一部分輸贏場次在危險邊緣的相撲選手，請已經勝多於負的選手假輸讓出比賽。美國的職籃也會利用常態分布來分析是否有打假球的賽事。

## 歪曲的常態分布戳破謊言

現在被譽為「近代統計學之父」的統計學家凱特勒（Adolphe Quételet，1796～1874）注意到法軍在徵兵體檢時測量出來的身高有點奇怪。跟常態分布相比之下，「稍微高於157公分的人」很少，相反地，「稍微低於157公分的人」卻非常多。當時法軍只徵召身高157公分以上的年輕人當兵。因此，一部分稍高於157公分的年輕人便低報其身高。

**法國徵兵體檢時的身高分布圖**

分布圖改編自『智慧統計學 2』（福井幸男著，日本共立出版股份有限公司）。

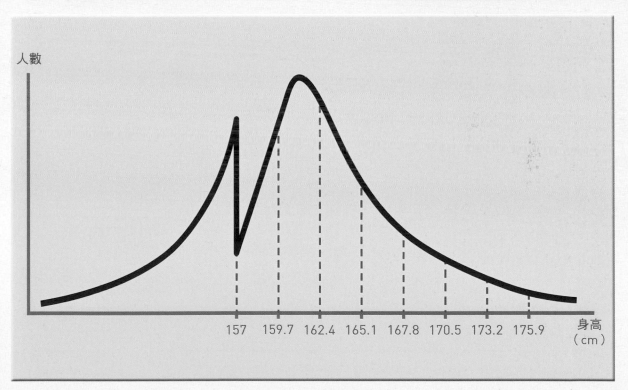

# 從「差異度」得知資料的特徵

## 代表差異度的指標

只參考平均值，並不足以完全掌握資料的特徵。因此，還必須要認識資料的「差異度」。

某間甜甜圈連鎖店開了A店跟B店，兩家甜甜圈的比較圖如下圖。A店跟B店的甜甜圈重量平均值皆為100公克，兩家並沒有差異。但是，您不覺得這二家店的甜甜圈差很多嗎？

為了要計算A店跟B店甜甜圈的差異度，我們先來關心每個甜甜圈的

127公克　84公克　82公克　126公克
90公克　111公克　100公克　97公克
93公克　118公克　67公克　105公克

### A店的甜甜圈
平均值：100公克
變異數：308.5

### 計算甜甜圈的「變異數」

左頁圖為A店的甜甜圈，右頁圖為B店的甜甜圈，兩間店的甜甜圈平均重量皆為100克，但重量的差異度很明顯不同，將這種差異數值化後所得的數值就是「變異數」。以A店來說，左上角的甜甜圈為127公克，所以跟平均值（100公克）相差「＋27公克」。求出每個甜甜圈的偏差，並求其平方的平均值即為變異數。

偏差（與平均值的差）。可是，偏差分成「正偏差」跟「負偏差」，其中心點剛好為平均值，若只是單純地加總偏差會得到零，而獲致沒有意義的指標。因此，如果將偏差平方再取其平均的話，就會得到代表甜甜圈差異度的指標。這就是「變異數」（variance）。

計算變異數後，A店為308.5，B店約為3.8，可知A店的甜甜圈差異度較大。要了解工廠製造產品所發生的差異度，以及知悉國民所得的差異大小時，變異數也是很有用的指標。

97公克　99公克　102公克　101公克

101公克　100公克　99公克　99公克

103公克　103公克　99公克　97公克

## B店的甜甜圈
平均值：100公克
變異數：3.8

### 變異數的公式

$$變異數 = \frac{數據_1的偏差^2 + 數據_2的偏差^2 + \cdots + 最後數據的偏差^2}{數據個數}$$

# 何謂「標準差」?
## 方便使用的差異指標

**代**表差異度的指標,除了有變異數之外,還有「標準差」。標準差代表的資料特性是「大部分的數據會落在距離平均多遠的範圍內」,是變異數的平方根(按計算機的根號鍵求得)。

我們以第22～23頁的甜甜圈店為例來算看看!A店的變異數為308.5,代表其平方根的標準差即為 $\sqrt{308.5} \fallingdotseq 17.56$,這表示A店有大約7成的甜甜圈在100±17.56公

## A店的甜甜圈

平均值:100公克
變異數:308.5

$$\sqrt{308.5} \fallingdotseq 17.56$$

標準差:17.56

克的範圍內，其他 3 成在這個範圍之外；B 店的變異數為3.8左右，其平方根的標準差約為1.96，這表示 B 店有大約 7 成的甜甜圈落在 100±1.96公克這極小的範圍內。（詳情請見第26～27頁）。

　　如此一來，可以說標準差在代表差異度方面，會比變異數好用。

標準差的公式

$$標準差 = \sqrt{變異數}$$

## B 店的甜甜圈

平均值：100公克
變異數：3.8

$$\sqrt{3.8} \fallingdotseq 1.96$$

標準差：1.96

# 由標準差可知資料分布的範圍

## 從標準差與平均來推估常態分布的全貌

### 數據差異愈大，分布圖的曲線就愈平滑

常態分布曲線的形狀，僅由資料的平均值跟標準差的值來決定。平均值愈高，圖形就愈向右移動；平均值愈低，圖形就愈向左移動。而且，標準差愈小，圖形的高峰就愈尖；標準差愈大則圖形就愈平滑。

其實，常態分布的形狀是由「平均值」與「標準差」這二項代表值來決定的。

舉例來說，只要標準差偏小，大多數的資料就會聚集在平均值周圍，呈現出比較銳利的高峰。相反地，當標準差偏大時，資料就會橫向廣布。

常態分布有一個很好用的特性，就是「約有68％的資料會聚集在距離平均值前後1個標準差的範圍內」，或者說即是「約有95％的資料落在距離平均值前後，距標準差1.96倍的範圍內」。

意即，常態分布代表某範圍內的資料占整體資料的多少比例，而這占比可用標準差為基準來求得。

只要同時使用標準差跟平均，就能推測出常態分布的全貌，是非常好用的代表值。

### 標準差的好用特性

資料為常態分布時，從平均 ±1 個標準差的範圍（黃色）會包含整體資料的 68.3％，而跟平均 ±2 個標準差的範圍（至橘色）會包含整體資料的 95.4％，且跟平均 ±3 個標準差的範圍（至紅色）會包含整體資料的 99.7％，最後，在 3 個標準差以外的範圍，只剩整體資料的 0.28％。

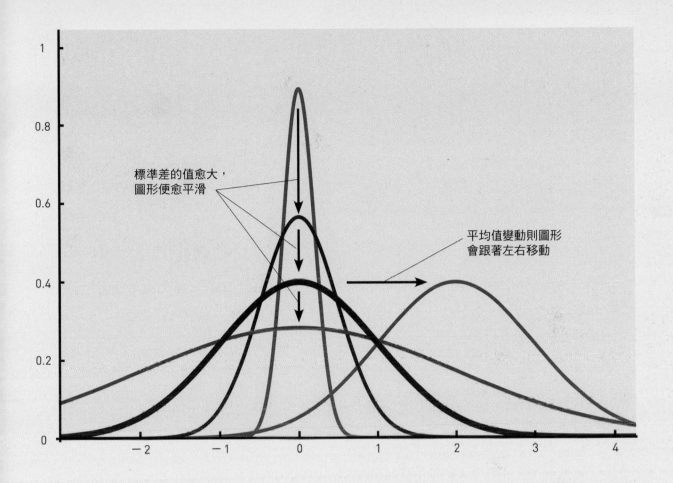

標準差的值愈大，
圖形便愈平滑

平均值變動則圖形
會跟著左右移動

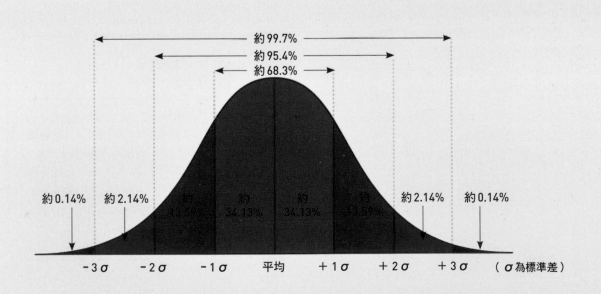

約 99.7%

約 95.4%

約 68.3%

約 0.14%　約 2.14%　約 13.59%　約 34.13%　約 34.13%　約 13.59%　約 2.14%　約 0.14%

−3σ　　−2σ　　−1σ　　平均　　+1σ　　+2σ　　+3σ　　（σ為標準差）

# 常聽到的「偏差值」機制

## 將分數換算成「平均為50及標準差為10」的值

只要談到考試，就會常聽到「偏差值」這個詞。這個「偏差值」究竟是什麼樣的數值呢？

假設讀者這次考試考了75分，考試成績符合常態分布，平均為65分，標準差即為 5 分。此時，該分數（75分）跟平均（65分）差了 2 個標準差（5分×2＝10分），所以75分排名在整體的前2.3%，是非常優異的分數。

接著，為了要知道每位考生的成績落在整體的哪個位置，將考試成績代入特定的公式（如右頁上方），換算出來的值就是「偏差值」。

日本一般都會把偏差值換算成「平均為50，標準差為10」。以右方的考試為例，75分高於平均2個標準差，所以其偏差值為「50（平均）＋10（標準差）×2」，等於70。

---

**成績偏差值70
會在前幾%？**

平均為偏差值 50。從偏差值 40（－1σ）到偏差值 60（＋1σ）的範圍（黃色），約含整體資料的 68.3%。偏差值 70 約為平均＋2σ，故其成績位於前 2.28%（好成績那邊紅色＋咖啡色之範圍）。只不過，前提是分數的分布要符合常態分布。

如果知道資料的平均跟標準差的話，其偏差值就可以用右邊的公式求出。這個公式是取分數跟平均的差（指分數的分子部分），除以標準差後再乘以 10，標準差就已經轉換成 10 了，最後，為了要平均等於偏差值 50，所以再加 50。

$$偏差值 = \frac{分數 - 平均}{標準差} \times 10 + 50$$

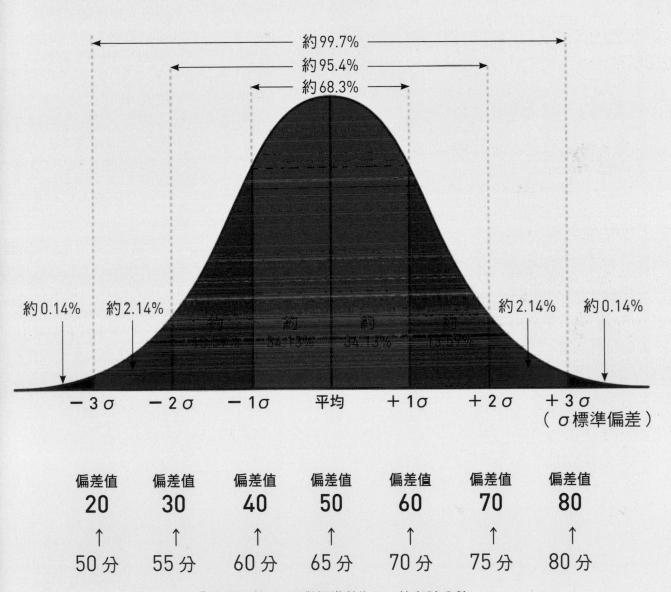

約99.7%

約95.4%

約68.3%

約0.14%　約2.14%　　約0.14%

約2.14%　約0.14%

約13.59%　約34.13%　約34.13%　約13.59%

−3σ　　−2σ　　−1σ　　平均　　+1σ　　+2σ　　+3σ
（σ標準偏差）

| 偏差值 20 | 偏差值 30 | 偏差值 40 | 偏差值 50 | 偏差值 60 | 偏差值 70 | 偏差值 80 |
|---|---|---|---|---|---|---|
| ↑ | ↑ | ↑ | ↑ | ↑ | ↑ | ↑ |
| 50 分 | 55 分 | 60 分 | 65 分 | 70 分 | 75 分 | 80 分 |

「平均分數 65 分與標準差為 5」的考試分數

# 一起來計算「偏差值」吧

## 用平均與標準差來求出偏差值

下　表1為100位學生的考試成績，且讓我們來求出每個人的偏差值。

　首先要求出平均。只要加總全部人的分數並除以人數（100人），就會得到平均值為60分。

　接著要求出標準差。將每個人的分數與平均值之差（表2）的平方和除以總人數（100人），就會得到變異數（約為290.7）。因為標準差為變異數的平分根，所以可得出標準差為

## 表1

### 100人的考試分數

| 20 | 21 | 25 | 26 | 28 | 31 | 31 | 34 | 36 | 37 |
|----|----|----|----|----|----|----|----|----|-----|
| 37 | 38 | 39 | 41 | 41 | 42 | 43 | 44 | 45 | 45 |
| 47 | 48 | 48 | 49 | 49 | 49 | 50 | 50 | 51 | 51 |
| 52 | 52 | 53 | 54 | 54 | 55 | 55 | 55 | 56 | 57 |
| 57 | 58 | 58 | 59 | 59 | 59 | 60 | 60 | 60 | 60 |
| 60 | 61 | 61 | 61 | 62 | 62 | 62 | 63 | 64 | 64 |
| 65 | 65 | 65 | 66 | 66 | 67 | 68 | 68 | 68 | 69 |
| 69 | 69 | 70 | 70 | 71 | 71 | 71 | 72 | 74 | 74 |
| 74 | 75 | 76 | 77 | 78 | 78 | 79 | 80 | 80 | 81 |
| 83 | 83 | 84 | 86 | 87 | 89 | 92 | 94 | 97 | 100 |

只要加總所有人的分數並除以人數（100人），就會算出平均為60分。

## 表2

### 與平均分數（60分）的差

| -40 | -39 | -35 | -34 | -3 |
|-----|-----|-----|-----|----|
| -23 | -22 | -21 | -19 | -1 |
| -13 | -12 | -12 | -11 | -1 |
| -8 | -8 | -7 | -6 | -6 |
| -3 | -2 | -2 | -1 | -1 |
| 0 | +1 | +1 | +1 | +2 |
| +5 | +5 | +5 | +6 | +6 |
| +9 | +9 | +10 | +10 | +1 |
| +14 | +15 | +16 | +17 | +1 |
| +23 | +23 | +24 | +26 | +2 |

計算每個人分數與平均分數之差的平方和，並除以100人，就會得到290.7（變異數）。

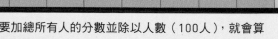

17.0。

　如此一來我們已經算出平均為 60，標準差為 17.0 了。再來利用這個平均值跟標準差將每個人的分數轉換成偏差值。先求出每個人的分數與平均分數的差，並將此值除以標準差後乘以 10，然後再加上 50 即可（表 3）。例如，可算出考 20 分的人偏差值為 26.5，考 60 分的人偏差值為 50，考 100 分的人偏差值為 73.5。

| 9 | -29 | -26 | -24 | -23 |
|---|-----|-----|-----|-----|
| 8 | -17 | -16 | -15 | -15 |
| 1 | -10 | -10 | - 9 | - 9 |
| 5 | - 5 | - 5 | - 4 | - 3 |
| 1 | 0 | 0 | 0 | 0 |
| 2 | +2 | +3 | +4 | +4 |
| 7 | +8 | +8 | +8 | +9 |
| 1 | +11 | +12 | +14 | +14 |
| 8 | +19 | +20 | +20 | +21 |
| 9 | +32 | +34 | +37 | +40 |

因為標準差為變異數的平方根，所以可求出標準差約為 17.0。

## 表 3
### 已求出的偏差值

| 26.5 | 27.1 | 29.4 | 30.0 | 31.2 | 32.9 | 32.9 | 34.7 | 35.9 | 36.5 |
|------|------|------|------|------|------|------|------|------|------|
| 36.5 | 37.1 | 37.6 | 38.8 | 38.8 | 39.4 | 40.0 | 40.6 | 41.2 | 41.2 |
| 42.4 | 42.9 | 42.9 | 43.5 | 43.5 | 43.5 | 44.1 | 44.1 | 44.7 | 44.7 |
| 45.3 | 45.3 | 45.9 | 46.5 | 46.5 | 47.1 | 47.1 | 47.1 | 47.6 | 48.2 |
| 48.2 | 48.8 | 48.8 | 49.4 | 49.4 | 49.4 | 50.0 | 50.0 | 50.0 | 50.0 |
| 50.0 | 50.6 | 50.6 | 50.6 | 51.2 | 51.2 | 51.2 | 51.8 | 52.4 | 52.4 |
| 52.9 | 52.9 | 52.9 | 53.5 | 53.5 | 54.1 | 54.7 | 54.7 | 54.7 | 55.3 |
| 55.3 | 55.3 | 55.9 | 55.9 | 56.5 | 56.5 | 56.5 | 57.1 | 58.2 | 58.2 |
| 58.2 | 58.8 | 59.4 | 60.0 | 60.6 | 60.6 | 61.2 | 61.8 | 61.8 | 62.4 |
| 63.5 | 63.5 | 64.1 | 65.3 | 65.9 | 67.1 | 68.8 | 70.0 | 71.8 | 73.5 |

只要套用第 29 頁的「偏差值公式」來計算，就會得到上表的偏差值。

# 如果數據中有極端值，偏差值會超過100！

偏 差值是指在互有差異的數據中，某人的分數會偏離平均多少，或偏離哪個方向。

100 位學生在測驗 A 所考的分數如圖所示。平均分數為 59.0 分，變異數為 292.5，取其平方根，也就是標準差約為 17.1。在這個測驗考取 100 分的人，會比平均值 59 分多 41 分。這大約是標準差（17.1）的 2.4 倍，所以其偏差值便為 10×2.4 ＝ 24 再加上 50 等於 74。

以測驗 B 為例，100 位學生在這場測驗的平均分數為 6.41 分，只要有一人拿到 100 分，其偏差值就會變成 147.8。例如這種極端的情況，偏差值有可能會非常大，甚至大到 200、1000 都有可能。

不過，已知一般考試的分數會符合常態分布。因此現實上，偏差值幾乎不會超過 80。

### 只有一個人考100分，其偏差值會是多少？

圖中顯示了 100 位學生做測驗 A（左）跟測驗 B（右）的成績，以及其偏差值的分布長條圖。在平均分數極低的測驗 B 中，考到 100 分的人偏差值約為 148。

## 測驗A

| 49 | 26 | 58 | 39 | 50 | 57 | 71 | 33 | 31 | 55 |
| 81 | 57 | 80 | 64 | 70 | 59 | 49 | 59 | 54 | 51 |
| 62 | 61 | 42 | 95 | 55 | 61 | 65 | 37 | 26 | 37 |
| 61 | 92 | 68 | 64 | 57 | 87 | 60 | 51 | 34 | 49 |
| 50 | 67 | 40 | 21 | 71 | 90 | 52 | 78 | 46 | 60 |
| 51 | 41 | 70 | 76 | 69 | 63 | 25 | 74 | 66 | 78 |
| 75 | 75 | 29 | 71 | 46 | 58 | 78 | 31 | 82 | 55 |
| 58 | 74 | 55 | 77 | 60 | 65 | 39 | 69 | 62 | 53 |
| 89 | 68 | 80 | 41 | 78 | 84 | 70 | 43 | 66 | 100 |
| 59 | 45 | 20 | 59 | 44 | 65 | 49 | 74 | 62 | 47 |

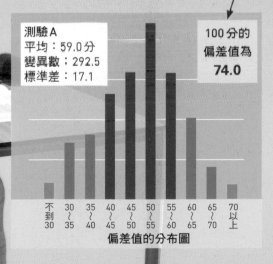

測驗A
平均：59.0分
變異數：292.5
標準差：17.1

100分的
偏差值為
**74.0**

不到30　30～35　35～40　40～45　45～50　50～55　55～60　60～65　65～70　70以上

偏差值的分布圖

## 測驗B

| 4 | 2 | 5 | 3 | 5 | 5 | 7 | 3 | 3 | 5 |
| 8 | 5 | 8 | 6 | 7 | 5 | 4 | 5 | 5 | 5 |
| 6 | 6 | 4 | 9 | 5 | 6 | 6 | 3 | 2 | 3 |
| 6 | 9 | 8 | 8 | 5 | 8 | 6 | 5 | 3 | 4 |
| 5 | 6 | 4 | 2 | 7 | 9 | 5 | 4 | 6 |
| 5 | 4 | 7 | 7 | 6 | 9 | 2 | 7 | 6 | 7 |
| 7 | 7 | 2 | 7 | 4 | 5 | 7 | 3 | 8 | 5 |
| 5 | 7 | 5 | 7 | 6 | 6 | 3 | 6 | 5 |
| 8 | 6 | 8 | 4 | 7 | 8 | 7 | 4 | 6 | 100 |
| 5 | 4 | 2 | 5 | 6 | 4 | 4 | 7 | 6 | 4 |

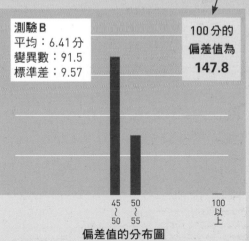

測驗B
平均：6.41分
變異數：91.5
標準差：9.57

100分的
偏差值為
**147.8**

45～50　50～55　100以上

偏差值的分布圖

# 要如何預測10年後的葡萄酒價格？

## 從四項因素來分析葡萄酒的價格

**決定葡萄酒價格的四個因素**

阿述菲爾特教授發現，波爾多葡萄酒價格分別跟A「收穫前一年10月～當年3月的降雨量」呈正相關；跟B「8、9月的降雨量」呈負相關；跟C「4～9月的平均溫度」呈正相關；跟D「葡萄酒的年齡」呈正相關。
（右頁的分布圖改編自刊登於http://www.liquidasset.com/orley.htm上的資料）

有1瓶數百至數千台幣的葡萄酒，也有1瓶超過數萬的葡萄酒。即使剛釀好的葡萄酒味道不佳，但10年後可能會變得很好喝，且價格上漲。

愛好葡萄酒的經濟學家阿述菲爾特教授（Orley Ashenfelter，1942～），挑戰預測法國波爾多地區釀造的波爾多葡萄酒價格。隨著因素A的數值變大，因素B的數值也跟著變大（或是跟著變小）的關係存在時，我們會說因素A跟因素B有「正（或負）相關關係」。教授研究了好幾個因素，並發現了會大幅影響波爾多葡萄酒價格的四個因素。

**正相關**

當某一方的數據增加時，另一方的數據也跟著增加，我們會說這二筆數據之間「有正相關關係」。只要將這些數據分別繪成縱軸與橫軸的座標圖（稱為散布圖），就會呈現朝右上方上升的圖形。

**負相關**

當某一方的數據增加時，另一方的數據會跟著減少，我們就說這二筆數據之間「有負相關關係」。繪成散布圖時會呈現朝右下方下降的圖形。

**無相關**

當數據變化都不符合上述情況時，我們會稱為「無相關」。

## A.「收穫前一年10月～當年3月的降雨量」與價格分布圖

葡萄收穫前一年冬季的降雨量愈多，葡萄酒的價格愈有上漲的趨勢（正相關）。

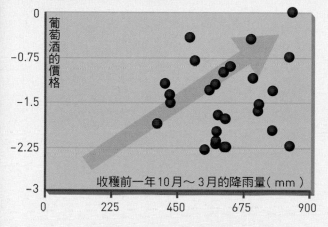

## B.「8、9月的降雨量」與價格分布圖

夏季栽培葡萄的降雨量愈多，葡萄酒的價格愈有下跌的趨勢（負相關）。

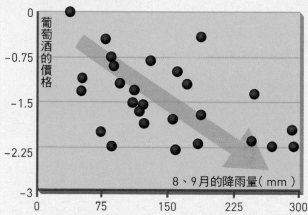

## C.「4～9月的平均溫度」與價格分布圖

夏季栽培葡萄的溫度愈高，葡萄酒的價格愈有上漲的趨勢（正相關）。

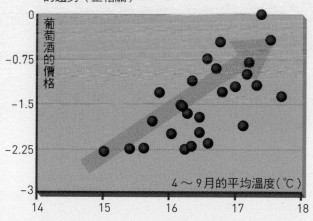

## D.「葡萄酒的年份」與價格分布圖

葡萄酒自釀造好後保存時間愈長，其價格愈有上漲的趨勢（正相關）。

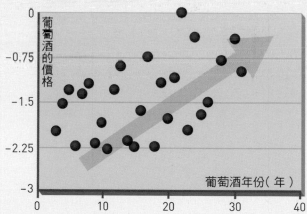

註：「葡萄酒的價格」在第34～35頁是指「目標葡萄酒的競標價格」除以「1961年生產的葡萄酒競標價格」，並取其自然對數的指標。當這項指標為0時，代表其價格差不多等於1961年當年生產的葡萄酒競標價格。指標愈小於0，價格就愈便宜。

# 用「葡萄酒價格方程式」來計算

## 會比當年貴還是便宜呢？

**阿**述菲爾特教授接著從這四個跟葡萄酒價格有相關關係的因素，導出了可計算出波爾多葡萄酒價格的「葡萄酒價格方程式」，如此一來，教授就能預測出未來波爾多葡萄酒價格的漲跌。

我們依照教授發表的論文，實際來求出葡萄酒價格的指標。

這裡要計算的是「在1983年當年，1971年的波爾多葡萄酒價格」的指標。要代入方程式的是如下之1970～

## 葡萄酒價格方程式

阿述菲爾特教授將四個相關關係加權，導出了以下的「葡萄酒價格方程式」。

| 收穫前一年 10 月～ 3 月的降雨量 | ×0.00117 |

－ | 8、9 月的降雨量 | ×0.00386 |

＋ | 4 ～ 9 月的平均溫度 | ×0.616 |

＋ | 葡萄酒的年份 | ×0.02358 |

－ 12.145

＝ 代表葡萄酒價格的指標

1971年的氣象資料與波爾多葡萄酒的年份。

前一年10月～3月降雨量：551mm

8、9月的降雨量：112mm

4～9月的平均溫度：16.7667℃

葡萄酒的年份：12年（1971年為1983年的12年前）

將這四個數值代入葡萄酒價格方程式，會得到

551×0.00117－112×0.00386＋16.7667×0.616＋12×0.02358－

12.145＝－1.3214。

代表這瓶葡萄酒比1961當年生產的波爾多葡萄酒，價格漲了約4成。用當時實際的葡萄酒價格所求出的指標為「－1.3」，與計算結果幾乎一致。

**在1983年當年，1971年的波爾多葡萄酒價格的指標**

| 551mm | ×0.00117 |
| 112mm | ×0.00386 |
| 16.7667℃ | ×0.616 |
| 12年 | ×0.02358 |

－ 12.145

＝ － 1.3214

註：方程式改編自刊登於http://www.liquidasset.com/orley.htm上的資料。

以相關分析來了解資料的特徵

# 收入與壽命的關係
## 從分布圖可知有正相關關係

以下是針對2012年當時各個國家、地區「人的均收入」與「平均壽命」所彙整的分布圖。一個圓形代表一個地方或一個國家。圓形的面積代表人口數。

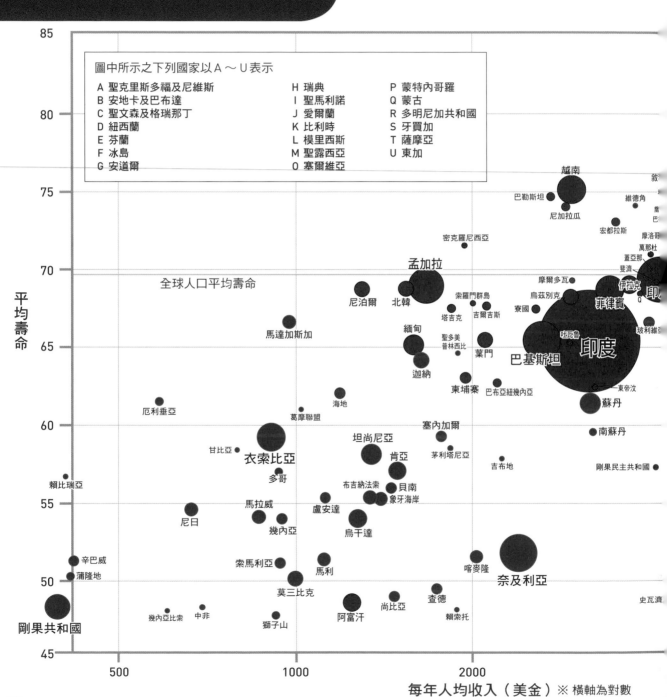

圖中所示之下列國家以A～U表示

| | | |
|---|---|---|
| A 聖克里斯多福及尼維斯 | H 瑞典 | P 蒙特內哥羅 |
| B 安地卡及巴布達 | I 聖馬利諾 | Q 蒙古 |
| C 聖文森及格瑞那丁 | J 愛爾蘭 | R 多明尼加共和國 |
| D 紐西蘭 | K 比利時 | S 牙買加 |
| E 芬蘭 | L 模里西斯 | T 薩摩亞 |
| F 冰島 | M 聖露西亞 | U 東加 |
| G 安道爾 | O 塞爾維亞 | |

平均壽命

每年人均收入（美金）※ 橫軸為對數

分布圖顯示，人均收入（橫軸）愈高的國家，其平均壽命（縱軸）也有愈長的趨勢。意即，人均收入跟平均壽命之間似乎有「正相關」。

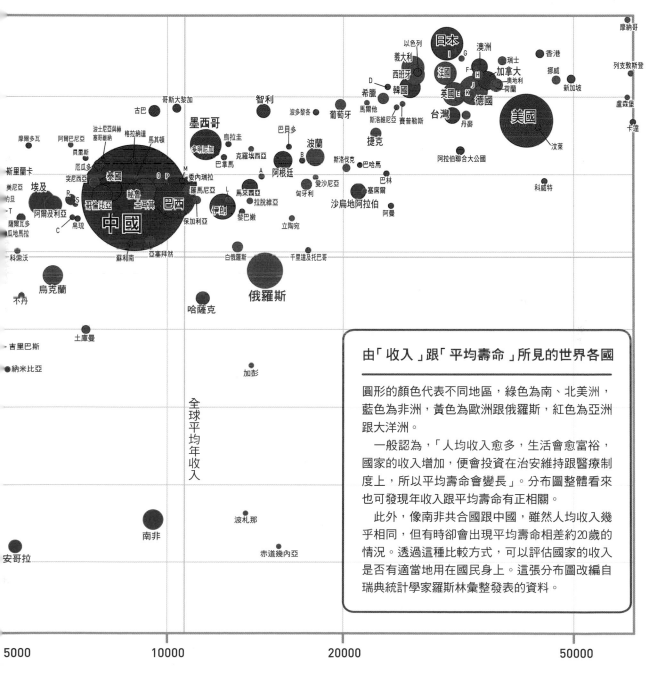

### 由「收入」跟「平均壽命」所見的世界各國

圓形的顏色代表不同地區，綠色為南、北美洲，藍色為非洲，黃色為歐洲跟俄羅斯，紅色為亞洲跟大洋洲。

一般認為，「人均收入愈多，生活會愈富裕，國家的收入增加，便會投資在治安維持跟醫療制度上，所以平均壽命會變長」。分布圖整體看來也可發現年收入跟平均壽命有正相關。

此外，像南非共合國跟中國，雖然人均收入幾乎相同，但有時卻會出現平均壽命相差約20歲的情況。透過這種比較方式，可以評估國家的收入是否有適當地用在國民身上。這張分布圖改編自瑞典統計學家羅斯林彙整發表的資料。

# 大考沒有意義？
## 過度侷限資料會看不出相關性

某所大學將學生的大考成績與入學後的學科考試成績繪成了分布圖，竟看不出兩者有相關（A）。假如大考跟入學後的成績無關係的話，那大考就沒有意義了吧？

這裡有一個陷阱。要評斷大考是否有意義，需要連大考落榜的考生都包含進去再來評斷。假設，將大考落榜的人也算進整體考生內的話，就可以說大考成績愈好的學生，其學科考試的成績也會愈好。看得出資料有「正

## A. 大考成績與入學後的學科考試成績相關分布圖

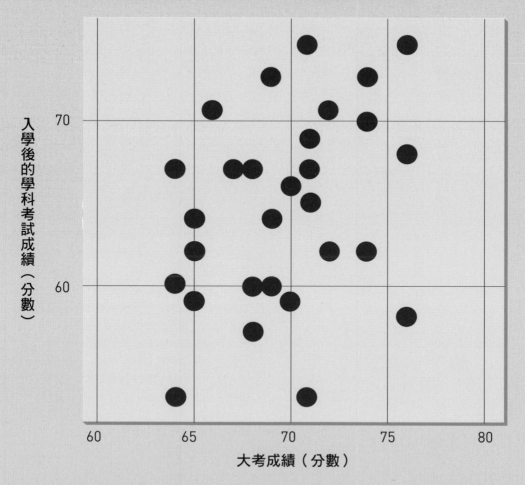

縱軸：入學後的學科考試成績（分數）
橫軸：大考成績（分數）

相關」（B）。文章開頭所述之例，只有考慮到整體考生中最優秀的一群人，也就是大考上榜的考生，所以才會看不出有相關。

因為過度侷限資料而弱化相關的現象稱為「選擇效應」（selection effect），資料的選擇範圍會影響結論的對錯。

## B. 所有考生的大考成績與入學後的學科考試成績相關分布圖

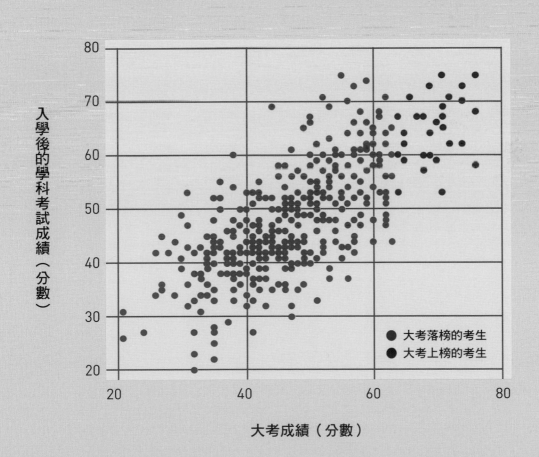

入學後的學科考試成績（分數）

大考成績（分數）

● 大考落榜的考生
● 大考上榜的考生

# 什麼詭計會得到完全相反的相關關係

## 正相關會變成負相關！？

還有一個案例，也是因為資料處理不當而導出相反的結論。

下圖是由英國的統計學家費雪（Ronald Fisher，1890～1962）所提出的著名分布圖，內容在比較鳶尾花的花萼長度與花萼寬度。

看一下A圖，可見數據的差異度非常大。使用統計軟體計算其相關係數後，竟為－0.2，看起來「花萼愈長，其寬度愈窄」，有微弱負相關關係的樣子……，但是，從這張分布圖

A. 鳶尾花花萼長度與花萼寬度的相關分布圖

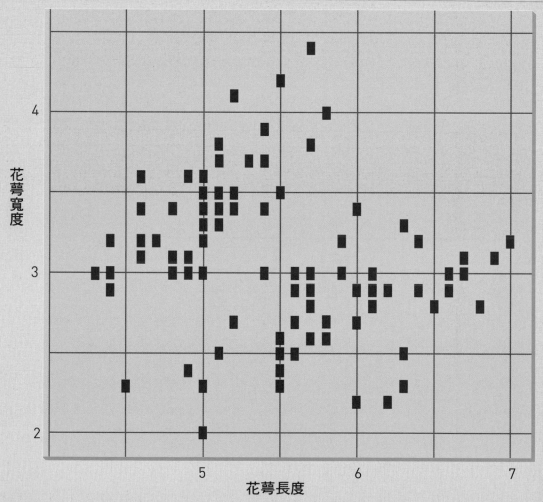

花萼寬度

花萼長度

導出這樣的結論是錯誤的。

其實，這些數據混合了二種形態非常相近的鳶尾花種類。只要將二種分別用顏色區分（如 B 圖），就會發現這二種竟然各自都是正相關。所以儘管真相是花萼愈長，花萼寬度也有愈寬的趨勢，還是會不小心導致相反的結論。

這樣看來，分布圖的資料處理方式會很容易改變圖形。所以要繪製相關分布圖時，請注意取樣資料範圍不要太過侷限，但也不要太過廣泛。

## B. 兩個品種分開來看時……

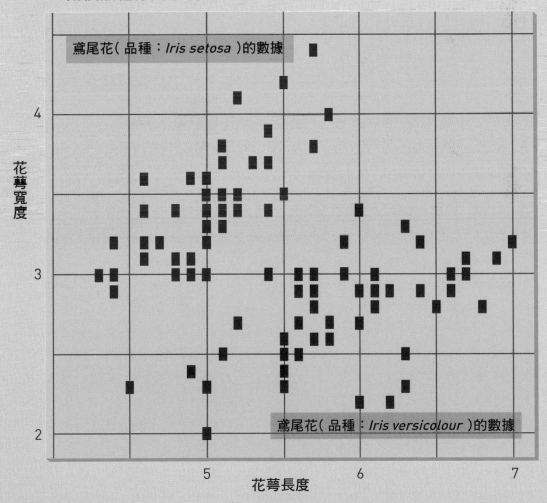

鳶尾花（品種：*Iris setosa*）的數據

鳶尾花（品種：*Iris versicolour*）的數據

花萼寬度

花萼長度

# 千萬要小心「相關」的陷阱

## 乍看之下好像有因果關係的「偽相關」

> C
>
> 啤酒的銷售額與溺水意外的件數之間有相關關係。若限制啤酒的販售，就有可能減少溺水意外。

「**讀**理科或讀文科，與手指的長度有相關關係。理科人的食指大多比無名指短，而文科人則是差不多等長。」

這個說法並不是謠言。男性的無名指通常會比食指長（女性則差不多等長）。而且男性會比女性更傾向選讀理科學系。因此，若去研究的話，應該會發現「無名指比食指長的學生，為理科學生的比例較高」。

但是，這二個因素之間有所謂「男性」這第 3 方因素（稱為潛在變數，latent variable），所以沒有直接的因果關係。這種情況稱為「偽相關」（spurious correlation）。

雖說二個因素之間有相關關係，但也未必有因果關係。在看相關分布圖時，必須要經常留意這個觀念。

---

### A～G的潛在變數為何？

**A 年紀** 年紀愈大體重就愈重，年收入有愈高的趨勢。

**B 性別** 男性的無名指有比食指長的趨勢，且會較女性傾向選擇理科學系。

**C 氣溫** 溺水意外多發生於夏季，啤酒也很暢銷。

**D 父母有近視** 只要父母有近視，小孩也容易得近視。而且有近視的父母會傾向讓小孩開燈睡覺。

**E 健康** 40幾歲還能生小孩，代表身體健康，所以也較為長壽。

**F 年紀** 年紀愈大的孩子，其鞋子的尺寸也愈大，對文章的理解力也愈好。

**G 人口密度** 人口愈多的地區，檢舉犯罪的數量也愈多。而且，圖書館等公共設施也比較多。

A
日本男性的年收入與體重
之間有相關關係。
體重愈重的人，
其年收入有愈高的趨勢。

B
其實，讀理科或讀文科，
跟手指的長度有相關關係。
理科人的食指大多比無名指短，
而大部分的文科人則差不多等長。

D
有開燈睡覺習慣的年輕人，
以後得近視的可能性較高。
應該要教他們關燈睡覺。
（改編自1999年Nature雜誌的論文）

E
在40幾歲生小孩的女性
有長壽的趨勢。
100歲以上的女性
與73歲死亡的女性相比，
長壽的女性曾為高齡產婦
的比例較高。
（改編自1997年Nature雜誌的論文）

F
鞋子尺碼較大的孩子，
其理解文章的能力較佳。
所以看腳的大小就知道
這個孩子的理解力好不好。

G
圖書館愈多的街道上，
檢舉非法藥物的案件會愈多。
如果在街上再蓋一座
圖書館的話，
說不定使用非法藥物的
犯罪案件會增加……。

# 總統候選人的募款增加是如何辦到的？

「**總**」統候選人的官網要怎麼設計，才會使得捐款和志工增加呢？」

2008年，希洛克（Dan Siroker）替歐巴馬（Barack Obama）總統候選人設計官網，並在固定期間內進行了一項實驗，那就是瀏覽官網的人會隨機看到24種官網版本。然後，調查哪種網站的電子郵件註冊率較高，便採用註冊率最高的設計。最後，推估捐款增加了6000萬美元，志工人數增加了28萬人。

這種方法稱為「隨機對照試驗」（randomized controlled trial），或稱「A/B測試」（A/B test）。這種調查方法已經運用在各種場合，例如機械製造商要找出效果最佳的廣告方式，以及調查航空公司的常客會對什麼樣的服務感到滿意等。

網頁畫面出現之前，會隨機將瀏覽的人分成 A 族群或 B 族群

官網的伺服器

## A族群所見的網頁

旗子圍繞著候選人的照片，以及寫有「SIGN UP」
（註冊）之按鈕。

### 捐款增加6000萬美元

A版本是「旗子圍繞著候選人以及寫有
「SIGN UP」（註冊）之按鈕的網頁，B版
本是「候選人的家庭合照以及寫有
「LEARN MORE」（了解詳情）之按鈕的
網頁，而B版本比A版本高達40%的電子郵
件註冊率。這種方法也稱為「A/B測試」。
另外，圖示的網頁畫面異於官網實際使用之
畫面。

**40%
UP**

## B族群所見的網頁

候選人與家人合照的照片，以及寫有「LEARN
MORE」（了解詳情）之按鈕。

# 壽險來自於「死亡率」的計算

## 某年齡層的人會在 1 年內死亡的比例稱為「死亡率」

現代的保險是由大數據與統計學建構起來的領域之一。

最原始的保險機制,在統計學誕生前就已經存在。幾個人組成互助會一起累積會錢,並將累積的錢撥給有急用的人或其家人,這種互助會在各地廣為流行。只是,這種運作方式有其弊端,如果成員中有年輕男性跟中年男性的話,以一般的情形來說,中年人遇到生病或死亡的風險較高,但成

### 日本男性會在幾歲死亡

右圖為日本男性的死亡率曲線圖。死亡率是指大族群中某年齡層的人,於該歲數死亡的人數比例。例如,2010 年 30 歲的死亡率是將 30 ~ 31 歲之間的死亡人數除以當時 30 歲總人數所求出來的,比例為 0.069%。

### 哈雷
### （1656～1742）

以哈雷彗星著稱的英國天文學家。他從德國某地區的死亡紀錄,製作出各年齡層的死亡率一覽表,並發表為「生命表」。用統計資料計算保險可說是哈雷締造的研究成果。

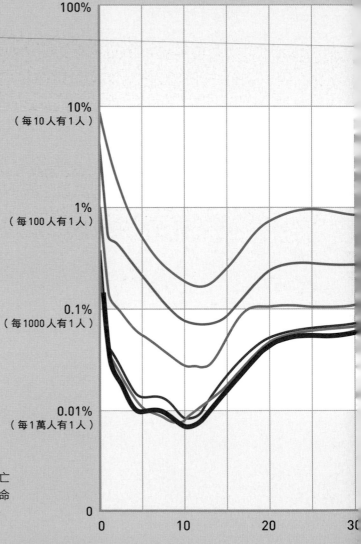

死亡率（%）※縱軸為對數

員竟然還是出一樣的會錢，這樣並不公平。會有這種情況，是因為沒有人知道幾歲的人應該要付多少會錢才算公平。

1693年，留名於哈雷彗星的英國科學家哈雷（Edmond Halley，1656～1742）彙整了各年齡層的死亡率一覽表並公開發表，名為「生命表」（life table）。根據這張表，會發現它能推算出隨著年紀增長，死亡人數的增加情況。而且，大家也了解到「以大族群來看各年齡層的人在1年內死亡的比例（死亡率）時，長期而言是幾乎不變的」。

用統計資料計算保險即源自哈雷的研究成果。

※：曲線圖參考日本厚生勞動省發表的「生命表」（完全生命表）第21、22回製成。另外，該表也紀錄了女性的生存人數。

## 10萬名日本男性的死亡率曲線圖

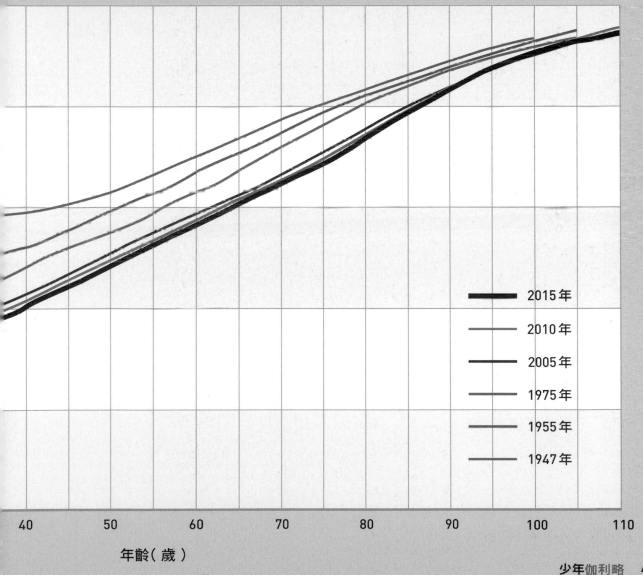

2015年
2010年
2005年
1975年
1955年
1947年

40　50　60　70　80　90　100　110

年齡（歲）

# 壽險保費的計算方法
## 如何製作10年期保障型壽險

現在要賣一份不還本壽險給10萬名30歲的日本男性，若1年內死亡的話有1000萬日圓保額給付。我們且一起來算算看保費，統計資料指出，30歲男性在1年內的死亡率約為0.068%。預估的死亡人數為10萬人×0.068%＝68人，所以保險金總額為6億8000萬日圓。因此，每人的保費最少需要繳6億8000萬日圓÷10萬人＝6800日圓。

接著來計算1000萬日圓保額的「10年期保障型」不還本壽險的保費。年紀增長時，死亡率也會跟著上升，隨著死亡人數增加，存活的投保人會跟著減少。保險公司要給付的理賠金總額跟投保人繳付的保費打平時，就會算出每位投保人每年要繳付的保費約為8107日圓（如右圖）。

## 保費的計算方法

「要計算的是1000萬日圓保額的「10年期保障型」不還本壽險的保費。10萬名30歲男性（於階梯最底層）每年的死亡人數，查生命表後如紅字所示，若「10年內保險公司要給付的理賠金總額」跟「10年內投保人繳付的保費總額」要打平的話，就能算出投保者每年所要繳付的保費。

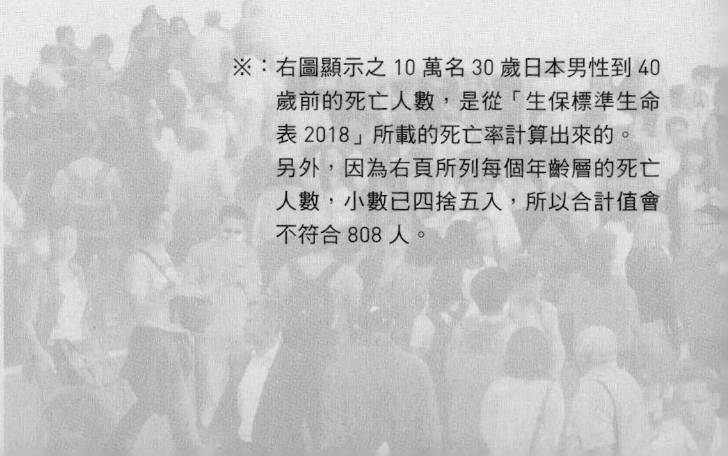

※：右圖顯示之10萬名30歲日本男性到40歲前的死亡人數，是從「生保標準生命表2018」所載的死亡率計算出來的。另外，因為右頁所列每個年齡層的死亡人數，小數已四捨五入，所以合計值會不符合808人。

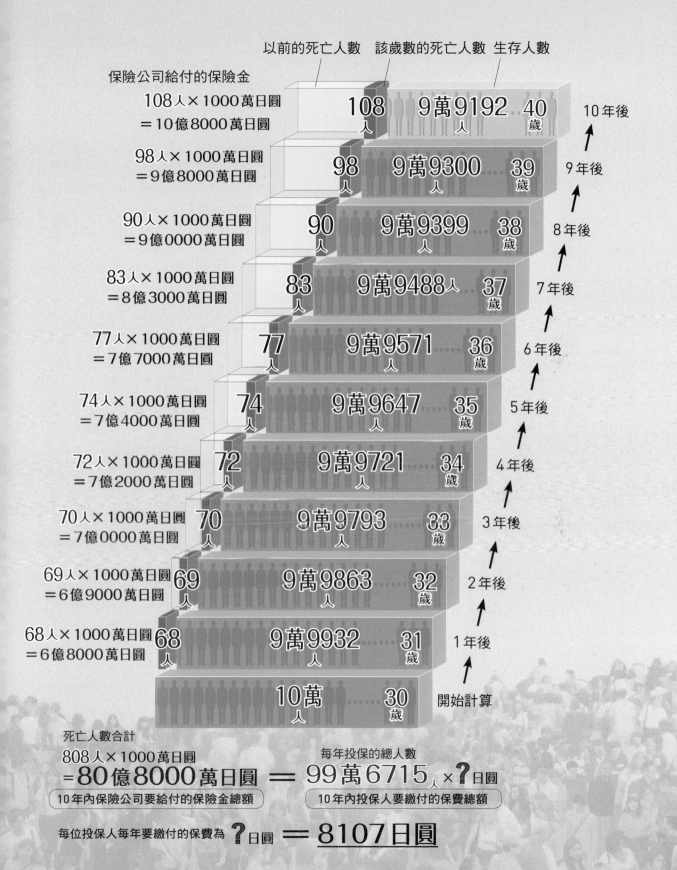

以前的死亡人數　該歲數的死亡人數　生存人數

保險公司給付的保險金

108人×1000萬日圓
＝10億8000萬日圓
108人　9萬9192人　40歲　10年後

98人×1000萬日圓
＝9億8000萬日圓
98人　9萬9300人　39歲　9年後

90人×1000萬日圓
＝9億0000萬日圓
90人　9萬9399人　38歲　8年後

83人×1000萬日圓
＝8億3000萬日圓
83人　9萬9488人　37歲　7年後

77人×1000萬日圓
＝7億7000萬日圓
77人　9萬9571人　36歲　6年後

74人×1000萬日圓
＝7億4000萬日圓
74人　9萬9647人　35歲　5年後

72人×1000萬日圓
＝7億2000萬日圓
72人　9萬9721人　34歲　4年後

70人×1000萬日圓
＝7億0000萬日圓
70人　9萬9793人　33歲　3年後

69人×1000萬日圓
＝6億9000萬日圓
69人　9萬9863人　32歲　2年後

68人×1000萬日圓
＝6億8000萬日圓
68人　9萬9932人　31歲　1年後

10萬人　30歲　開始計算

死亡人數合計
808人×1000萬日圓
＝**80億8000萬日圓**
10年內保險公司要給付的保險金總額

每年投保的總人數
＝**99萬6715**人×**?**日圓
10年內投保人要繳付的保費總額

每位投保人每年要繳付的保費為 **?**日圓 ＝ <u>8107日圓</u>

# 如何計算地震保險跟汽車保險的保費？

## 利用統計評估風險並反映於保費上

**非**壽險的地震保險等，其計算方法基本上跟壽險一樣，都是參考過去的統計資料，計算所給付保險金的機率，並將保費儘量設定在能超過理賠風險的金額。

地震保險的計算方式，會評估日本都道府縣各單位發生地震的風險，經評估為風險較高的地區，其保費也會較高。根據建築物是否為木造，以及屋齡等因素，全都予以考慮再計算出保費。

此外，最近很多汽車保險廣告針

### 地震保險的計算方式

地震保險方面，會評估日本都道府縣各單位發生地震的風險，並根據評估結果來設定保費。圖中藍色地區是被視為風險較低的地區，愈靠近紅色地區則風險愈高。經評估為高風險的地區，其保費會比較貴。

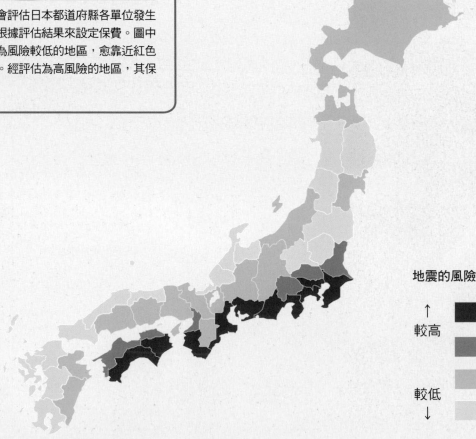

地震的風險

↑
較高

較低
↓

對不曾發生過事故，並持有「黃金駕照」的駕駛人，給予保費優惠。對於較少駕駛經驗的駕駛人而言，因為不知道他們是否容易發生事故，所以有一部分容易發生事故的風險，就會反映在新手駕駛人的保費上。

不過，如果是不曾發生過事故的駕駛人，統計上可說他們未來會發生事故的機率很低，所以保險公司選擇優惠他們的保費是有道理的。

# 只從1000人的意見去推測1億人的想法

## 民意調查是如何進行的？

**要** 逐一訪問超過1億國民的意見，會太耗時費力。取而代之的是，只要對1000人進行問卷調查的話，就能推測出全國人民的意見。這個方法稱為「樣本調查」（sample survey）。

試喝湯品的味道時，如果湯有混合均勻，一湯匙的湯跟整鍋的味道應該是相同的。同樣地，如果能夠挑選出跟全國人民男女及年齡比例等所有因素皆相同的樣本（一小群受訪者），

---

## 從1億人中隨機選出1000人的方法

要從全國人民中隨機選出受訪者需先為全國人民編號，號碼的每個位數，使用具有 0～9 共10面的骰子來決定即可。

全國人民
**100,000,000人**

00000000　34728810　34728811　99999998　99999999

1. 為全國人民編號。

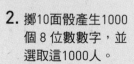

2. 擲10面骰產生1000個 8 位數數字，並選取這1000人。

34728810

57726231

99328116

則該群體所反映的意見便能推測出全國民意。

以下述方法為例，使用有「0」到「9」共10面的骰子來產生號碼並選取受訪者，將全國人民編號，則每位國民被選為受訪者的機率都相同，是一種隨機選取的方法。報社的民意調查也是用隨機選取電話號碼的方法來選出受訪者。

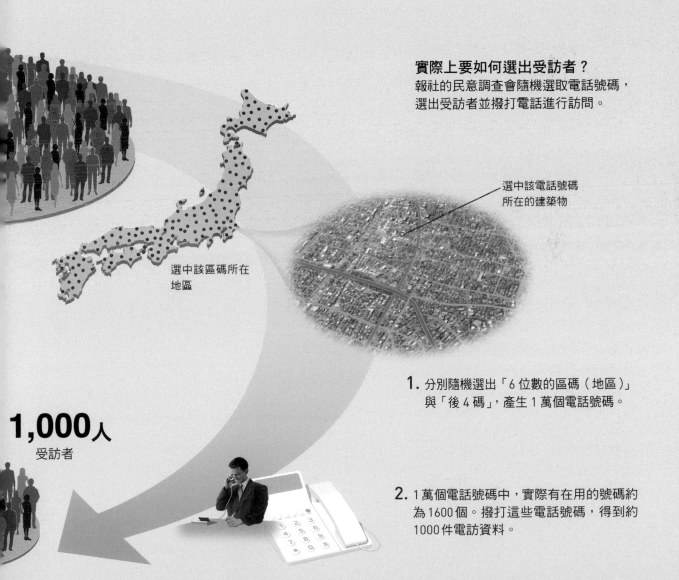

**實際上要如何選出受訪者？**
報社的民意調查會隨機選取電話號碼，選出受訪者並撥打電話進行訪問。

選中該電話號碼
所在的建築物

選中該區碼所在
地區

**1,000人**
受訪者

1. 分別隨機選出「6位數的區碼（地區）」與「後4碼」，產生1萬個電話號碼。

2. 1萬個電話號碼中，實際有在用的號碼約為1600個。撥打這些電話號碼，得到約1000件電訪資料。

# 受訪者多達200萬人以上的大規模調查竟然失準！

## 為什麼跟選舉結果會有出入？

《文學文摘》雜誌社的問卷調查
與實際選舉結果

文學文摘雜誌社的調查，顯示共和黨的蘭
登較有優勢，但實際的選舉結果卻是民主
黨的羅斯福當選。

民意調查一定要遵守的條件，就是要「隨機選出受訪者」。如果不遵守這個條件會發生什麼事呢？

　　1936年，美國雜誌《文學文摘》（The Literary Digest）寄出了1000萬份問卷給雜誌的註冊會員及有電話或有汽車的人，訪問他們在總統大選時「會投給共和黨的蘭登（Alfred Mossman Landon）還是民主黨的羅斯福（Franklin Delano Roosevelt）」。雜誌社根據237萬人的回答，預測蘭登會當選。

　　然而選舉結果卻是民主黨的羅斯福當選。結果與調查報告有出入是因為問卷調查的對象大多為「有電話或有汽車的人」，這些人在當時是上層階級。一般而言有效回答率要達到60%較好，但這次只得到偏低的23.7%，也是失準的原因。雜誌社這次調查之所以會有偏差，是因為遺漏了支持羅斯福候選人的一般民眾。

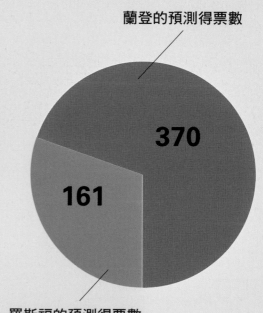

蘭登的預測得票數

**370**

**161**

羅斯福的預測得票數

《文學文摘》雜誌社的問卷調查結果

全國人民　　　　　　　　　　　　　　　　偏誤的樣本

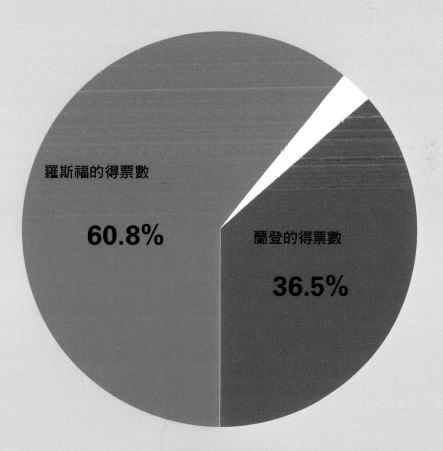

羅斯福的得票數

**60.8%**

蘭登的得票數

**36.5%**

實際的選舉結果

# 如何計算棲息於廣闊深邃之湖泊裡的魚隻數量？

## 什麼是「標識再捕法」？

在 1994年，美國黃石湖內出現了名為突吻紅點鮭（lake trout）的外來種魚類，似乎是因釣客擅自攜入並放生。之後，眼看著這外來魚種逐漸增加，而原本棲息於湖內的殺手鱒（cutthroat trout）數量銳減。

移除突吻紅點鮭的策劃團隊打算使用所謂「標識再捕法」（capture-recapture method）的統計方法來推估個體數。突吻紅點鮭棲息於廣闊深邃的湖泊裡，要逐隻數清個體數跟全

**標識再捕法的機制**

**1. 標識再捕法的機制**

捕捉 10 隻突吻紅點鮭，裝上可辨識的小標記。

標記

**2. 將標記過的魚隻放回湖中**

將帶有標記的個體再放回湖中，等待一段時日讓標記魚隻散布於族群裡。

捕捉幾隻突吻紅點鮭做上標記，然後將帶有標記的個體放回湖中，等牠們跟其他魚群均勻混合後，再度捕捉部分個體。這時只要計算所捕捉的這些魚其中帶有標記的個體占比，就能推估湖中全部的個體數量。

### 3. 捕捉部分魚隻，推估整體個數

再次從湖中隨機捕捉10隻個體。假如10隻中有 1 隻帶有標記，代表帶有標記的魚隻占整體的10%，可推估整體個數（100%）為100隻。

# 如何讓人誠實回應是否曾未成年飲酒？

## 用「擲硬幣」來保護受訪者的個人隱私

**請**受訪者各自擲硬幣，但不讓訪查員看到。然後訪查員會告訴所有受訪者如下內容：「擲出正面的人請說『是』，此外，擲出反面的人若曾未成年飲酒請說『是』，沒有的話請說『沒有』。」

這種情況下，訪查員無法區分說「是」的人是代表他們擲出正面，還是因為他們曾未成年飲酒。因此，可預期曾未成年飲酒的受訪者會誠實地說「是」。這個方法稱為「隨機化回應」（randomized response）。

請問你們曾未成年飲酒嗎？

沒有！

| 有 | 沒有 | 沒有 | 沒有 | 有 | 沒有 |
|---|---|---|---|---|---|
| 說謊 | 誠實 | 誠實 | 誠實 | 說謊 | 誠實 |

曾未成年飲酒的人很可能會謊稱「無此經驗」。因此，調查結果所顯示的恐怕比真實的占比還要低。

假設100名受訪者中，有70人說
「是」，而硬幣擲出正面的機率為 2
分之 1，所以可推估有50人因為擲出
正面，所以回答「是」。剩下的50人
中，承認曾未成年飲酒（說是）的有
20人，而不曾（說沒有）的有30人，
所以可知未成年的飲酒率約為40%。

擲出正面的人請說『是』。此外，擲出反面的人若曾未成年飲酒請說『是』，沒有的話
請說『沒有』。

訪查員看不出說「是」的人當中，誰真的曾未成年飲酒。曾未成年飲酒的受訪者會覺得「可以老實講」，
於是誠實回答的可能性會提高。

# 為什麼未開票完就宣布「確定當選」?

## 宣布當選的報導也常利用統計

若選舉的投票人數為20萬人,由A、B二位候選人競選。在開票率5%的當下(已開出1萬張票),A有5050票(得票率50.5%),B有4950票(得票率49.5%)。利用統計學計算,假設已開票的票數為n,當下的得票率為p,最終得票率設為95%可信度,則可導出一條算式為$p \pm 1.96\sqrt{p(1-p)/n}$,這個算式稱為「樣本誤差」(sampling error)。只要使用這個算式,就可預估在開票率5%的當下,A的最終得票數會在9萬9040～10萬2960票,B的最終得票數會在9萬7040～10萬960票。兩者間的得票數範圍產生重疊,B非常有可能會逆轉情勢,所以這時要宣布確定當選還太早了。

開票率達80%(開票數16萬票)時,A有8萬800票(得票率50.5%),B有7萬9200票(得票率49.5%),此時A跟B的得票數範圍不再重疊。至此即可判斷B幾乎不可能逆轉了,因此可以宣布A確定當選。

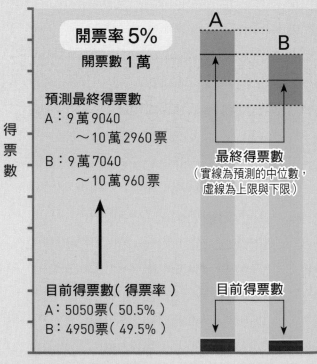

**開票率5%**

開票數1萬

預測最終得票數
A:9萬9040
　～10萬2960票

B:9萬7040
　～10萬960票

得票數

目前得票數(得票率)
A:5050票(50.5%)
B:4950票(49.5%)

A B

最終得票數
(實線為預測的中位數,
虛線為上限與下限)

目前得票數

當下兩位候選人的預測最終得票數範圍大幅重疊,難以判斷誰會確定當選。

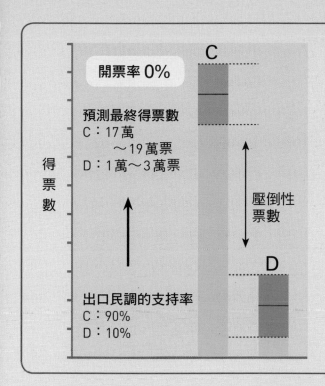

### 為什麼「開票率0%可以宣布確定當選」?

根據事前的民調及投票當天的出口民調,預估結果將會是「壓倒性地勝利」時,媒體很可能會根據上述判斷,不必觀看開票過程就宣布「確定當選」。只是,開票率0%所下的判斷大多不具統計性根據。

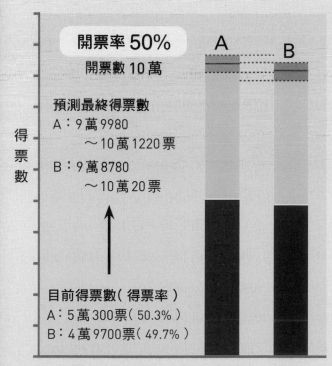

預測範圍已縮小很多,但還有部分重疊,B仍有可能逆轉。

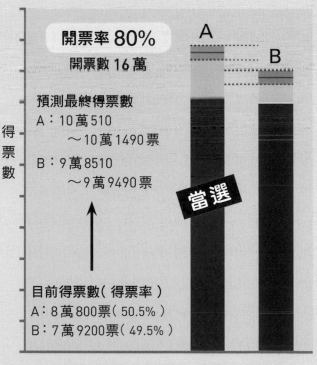

最終得票數的範圍已不再重疊。B幾乎不可能逆轉,所以可斷定A「確定當選」。

Column

## Coffee Break

.....................

# 請使用正確的
# 民意調查方式

民意調查所謂的「民意」，是看不見摸不著的，所以要轉換成具體又具說服力的「數字」，但也有可能因此掉入「民意調查的陷阱」。在解讀民意調查的結果時，不要只看結果，而是要注意這份調查用的是什麼方法。

現行的民意調查方法有訪問調查法、電訪法、郵寄法等，各有其優缺點。

訪問調查法是訪查員當面提問，直接聽取受訪者的應答，作法最具彈性，可避免受訪者回答不清，可

---

### 民調必須注意的重點

統整舉行民調的注意事項。除了列舉的「訪問調查法」、「電訪法」、「郵寄法」之外，還有訪查員做訪問，並將問卷暫放於受訪者，待幾天後取回的「訪問留置法」。

**訪問調查法**
訪查員當面提問，直接聽取受訪者回應的方法。

注意事項　由於受訪者與訪查員面對面受訪，有時不會誠實回答問題。但有效回答率相對較高。

**電訪法**
使用電話來聽取受訪者回應的方法。成本較為低廉，也不太花時間。

注意事項　有效回答率相對較低。

**郵寄法**
郵寄問卷請受訪者填寫並寄回的方法。成本雖低，但卻很花時間。

注意事項　由於要受訪者親自填寫問卷，所以比較容易受到他人意見的影響。有效回答率也相對較低。

以取得較完整的回答。

此外，報社常常使用一種名為（電訪）隨機撥號（random digit dialing，RDD）的方法隨機抽樣。首先，在欲調查地區的市內區碼後面加上電腦隨意造出的 4 位數字，作成一個市話號碼，若這支電話打得通，就列為調查樣本。而且，手機也能用同樣的方法來抽選樣本。

電視報導有時也會播報圖形化的街頭問卷調查結果，或是訪問路人請他發表看法。這些雖然也都是調查的一種，但跟民意調查不同。因為那些調查中最多人支持的意見，不見得是全國人民的意見，建議當作參考就好，不要把那些調查跟民意調查混為一談。

## 異於民調的其他調查

由於「街頭問卷調查」跟「網路民調」都不是隨機選擇樣本當受訪者，故如何解讀結果必須謹慎。

### 街頭問卷調查

拜託路人幫忙，請受訪者當場應答的方法。

注意事項　由於受訪意願的比例普遍較低，樣本有產生偏誤的可能性。而且，不同時間點的路上，人群恐怕也會有年齡層之類的偏誤。經常不公開有效回答率。

### 網路民調

有 2 種方式，分別是上傳問題至網頁並開放給不特定人士來回答的「公開型網路民調」，以及事先選好應答者（受訪者）的「特定受訪者型網路民調」。

注意事項　不論哪種類型都採自動進行，受訪者自己應答輸入並當成樣本，所以可能會有特定階層的樣本偏誤。

# 數據間真的有顯著差異嗎？

## 小族群也能使用的「檢定」方法

以下述假想的調查結果為例。「每天快走的人，BMI平均值為24.1。比沒有每天快走的人，平均值少 2。因為平均值明顯有差，所以說快走具有降低BMI的效果。」這個說法正確嗎？

2 個族群的平均值雖然有差異，但未必是「統計上的顯著差異」。要判斷是否有意義就要用到「檢定」（test）。若檢定的結果滿足所訂定的標準，就可以說「此差異在統計

### 這個差在統計上是有意義的嗎？

假設每天習慣快走的22人，跟沒有每天快走的24人，BMI值皆如圖所示。要判斷二個族群的平均值差異，在統計上是否有意義（有顯著差異）的方法，就是採用 *t* 檢定。*t* 檢定的具體計算方法如右頁的方框所示。這個假想的例子可以得到一個結論，那就是這個平均值的差「在統計上不算是有意義的差異」。

BMI：數值愈大代表愈肥胖的指標。體重（公斤）除以身高（公尺）平方所得到的數值。

低於 18.5　　低於 18.5～25　　低於 25.0～30　　低於 30.0

族群① 每天快走
BMI平均值：24.1
變異數：15.71
人數：22人

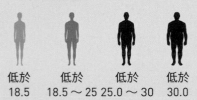

27.1　20.7　32.5

25.7　21.6　22.7　24.8

18.3　23.2

21.3　20.6　31.1

20.9

19.8

22.1　27.1　28.3

24.7　18.7　26.6

30.4　21.9

上是有意義的」（有顯著差異）。

　要檢定二個族群平均值的差有無顯著性（significance）時，經常會利用名為「$t$ 檢定」的方法來檢查，在科學研究跟社會調查等方面是最常用的普遍檢定方法。在 $t$ 檢定發明且發表的當時，已知數據的數量少於50筆之際，會有疑慮，也就是很難看出數據分布是否為常態分布，而 $t$ 檢定正好可以用在這種小族群上。$t$ 檢定在現今社會中已能解決許多問題，並且可說是統計學正逐步推進的優良案例。

**族群② 沒有每天快走**
BMI平均值：26.1
變異數：18.94
人數：24人

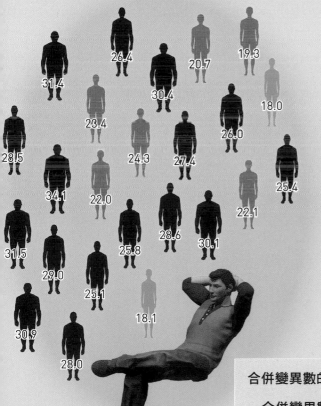

31.4　26.4　20.7　19.3
23.4　30.4　18.0
28.5　24.3　26.0
34.1　22.0　27.4　25.4
31.5　25.8　28.6　22.1
29.0　25.1　30.1
30.9　18.1
28.0

---

**$t$ 檢定**

$$t = \frac{族群①的平均值 － 族群②的平均值}{\sqrt{\left(\dfrac{1}{族群①的人數} + \dfrac{1}{族群②的人數}\right) \times 合併變異數}}$$

如果 $t$「小於 － 2」或「大於 ＋ 2」，可以說平均值的差在統計上有顯著差異。

利用左方族群①與族群②的數據求出「合併變異數」，其值為 17.40。

詳細的計算過程在此省略，利用合併變異數求出的 $t$ 值約為 -1.62。

$t$ 值落在 － 2 ～ ＋ 2 的範圍內，所以結論是這個平均值的差，在統計上不算有意義的差異。

---

**合併變異數的公式**

**合併變異數**

$$= \frac{（族群①的人數 － 1）\times 族群①的變異數 ＋（族群②的人數 － 1）\times 族群②的變異數}{族群①的人數 ＋ 族群②的人數 － 2}$$

# 「擲10枚硬幣會出現 5 枚正面」的機率有多少％？

## 何謂「信賴度」

**硬**幣正反面的出現機率相等。擲10 枚這種硬幣時，能預測其中會有幾枚出現正面嗎？

因為正面跟反面出現機率相等，所以「會有 5 枚正面」應該是最合理的預測。但是，試一下就馬上會發現並非如此，擲 10 枚硬幣，剛好出現 5 正 5 反的機率意外地低。經計算後，其機率只有約 25％而已，其它75％都是別種組合。換句話說，這個最合理的預測只有 25％的信賴度（confidence degree）。

若想預測得更準確，則放寬預測範圍即可。例如，預測「5 枚正面 ±1枚」的出現機率，就有約 67％的猜中機率（信賴度約 67％）。再增加範圍，預測「5 枚正面 ±3枚」，就有約98％的猜中機率（信賴度約 98％）。這個觀念可直接套用在最常做樣本調查的民意調查上。

擲多枚硬幣時，分布圖的形狀會慢慢地趨近「常態分布曲線」。

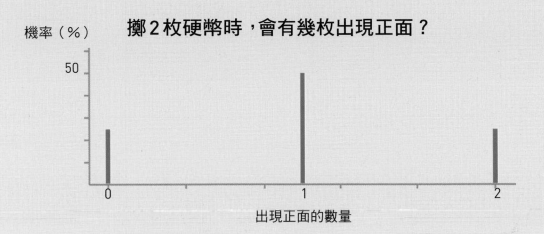

機率（％）

# 擲 2 枚硬幣時，會有幾枚出現正面？

出現正面的數量

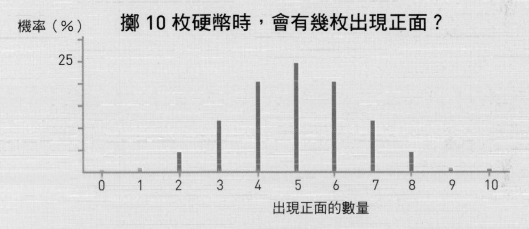

機率（％）

# 擲 10 枚硬幣時，會有幾枚出現正面？

出現正面的數量

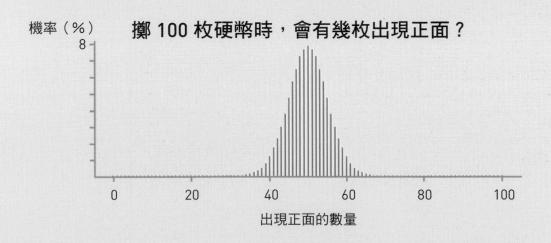

機率（％）

# 擲 100 枚硬幣時，會有幾枚出現正面？

出現正面的數量

# 「支持率」真的降低了嗎？

調查必定伴隨「誤差」！

「**上**個月的民意調查顯示內閣支持率為 31%。本月下降至 29%，已跌破 3 成。」

單憑這則訊息就判斷「內閣支持率降低」之前，先來研究一下這些數字的誤差有多少吧！。

調查的有效回答數是 1500 份。利用 62 頁的公式 $\pm 1.96\sqrt{p(1-p)/n}$，就能算出信賴度 95% 時的「樣本誤差」。將 29% =0.29 的 p 與 1500 的 n 分別代入公式，就會得到樣本誤差

## 二次調查的「信賴區間」重疊

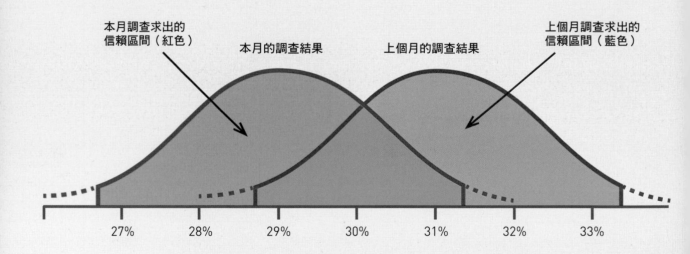

本月調查求出的信賴區間（紅色）

本月的調查結果

上個月的調查結果

上個月調查求出的信賴區間（藍色）

27%　28%　29%　30%　31%　32%　33%

在信賴度 95% 的情況下，本月調查結果求出的樣本誤差為 ±2.30%。這代表，「真正的內閣支持率落在 29% ±2.30%（26.70%～31.30%）的範圍內，可信賴的機率為 95%」。這種推測範圍稱為「信賴區間」。同樣地，上個月調查結果求出的樣本誤差為 ±2.34%，信賴區間為 28.66%～33.34%。這二次調查的信賴區間重疊，所以 2% 的差距可解釋為「在誤差範圍內」。

為 ±2.30％。而上個月調查結果（p＝ 0.31，n＝ 1500）的樣本誤差為 ±2.34％。

雖然本月調查結果為「下降 2％」，但調查的誤差原本就有 2.3％。內閣支持率落在誤差範圍內，意即，解釋為「幾乎沒有差異」是很安全的說法。

在解讀民意調查時，不要只看結果，首先必須要看清數字背後的「誤差」，才不會受到數字跟數據的影響而陷入迷思。

## 抽樣誤差快速參考表（信賴度為95%時）

| n ＼ p | 10%<br>或<br>90% | 20%<br>或<br>80% | 30%<br>或<br>70% | 40%<br>或<br>60% | 50% |
|---|---|---|---|---|---|
| 2500 | ±1.2% | ±1.6% | ±1.8% | ±1.9% | ±2.0% |
| 2000 | ±1.3% | ±1.8% | ±2.0% | ±2.1% | ±2.2% |
| 1500 | ±1.5% | ±2.0% | ±2.3% | ±2.5% | ±2.5% |
| 1000 | ±1.9% | ±2.5% | ±2.8% | ±3.0% | ±3.1% |
| 600 | ±2.4% | ±3.2% | ±3.7% | ±3.9% | ±4.0% |
| 500 | ±2.6% | ±3.5% | ±4.0% | ±4.3% | ±4.4% |
| 100 | ±5.9% | ±7.8% | ±9.0% | ±9.6% | ±9.8% |

n 為有效回應數，p 為調查結果的值（內閣支持率）。假設「民意調查的有效回應數 1500 份，內閣支持率為 60％」，此時，n＝1500，p＝60％＝0.6，檢索上表得知誤差為 ±2.5％。若有效回應數為 100 份，誤差也會接近 10％。要減少誤差，只要增加調查的有效回應數即可，但即使 n 增加 100 倍，誤差也只會縮小 1/10 而已。

# 憑「排頭的第一個數字」識破不法行為！

這篇文章要帶讀者認識藏在統計資料中，非常有意思的「班佛定律」（Benford's law）。

世界各國領土面積數值的「第一個數字」，從 1 到 9 排序的結果如圖①。日經半均股價的調查結果如圖②，出現在報紙上的數字如圖③，不論哪個調查結果都是 1 最多。大家會覺得來自各方數值的「第一個位數」，1 到 9 不論哪個數字出現的頻率似乎都一樣。但許多統計資料顯示，1 最常出現，8 和 9 則機率較小。

美國物理學家班佛（Frank Benford，1883～1948）在研究多達 2 萬個樣本之後，發表了這個定律，因此這個神奇的定律就名為「班佛定律」。

用班佛定律在檢驗公司會計和選舉結果時，其值有無遵循這個定律，就會成為有無不法行為的推測指標。但是，並非所有數值都遵循班佛定律。像電話號碼跟樂透等已決定好位數的值就不適用這個定律，這點必須要留意。

## 何謂班佛定律？

右頁圖①～③是生活上的各類數值，將其頭位數字（1～9）出現的頻率統計後繪成長條圖。不論哪張圖，看起來最多的都是 1，接著是 2、3……，有隨著數字變大而出現頻率漸減的趨勢（班佛定律）。

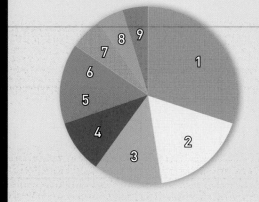

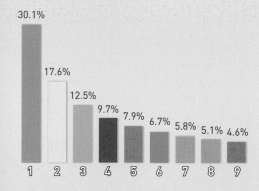

30.1%　17.6%　12.5%　9.7%　7.9%　6.7%　5.8%　5.1%　4.6%

1　2　3　4　5　6　7　8　9

※圖①～③的數值已經四捨五入，所以總計值不會等於100%

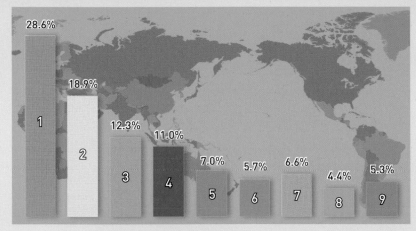

### ①領土面積

約200個國家領土面積（平方公里）的調查結果（由日本牛頓編輯部調查）。例如日本的領土面積約為38萬平方公里，所以排頭數字是3。檢視大約200個國家後，發現1占28.6%為最多，接著是2，再來是3。

### ②股價

2019年1月的某個時間點，日本225間公司股票的日經平均股價（萬）的調查結果（由日本牛頓編輯部調查）。

### ③出現在報紙上的數字

班佛親自檢視出現於報紙上100個數字的計算結果。

# 從收據堆中發掘珍貴的數據！

## 統整消費紀錄並探討商品暢銷度

### 從發票中找出顧客的喜好

為了解「經常會一起售出的商品組合」，便將 7 名顧客的消費明細統整為下表。

假設您是一間超市的店長。如果事先知道「經常會一起售出的商品組合」，可以預期營業額一定會上升。

在此，整理出來店消費者發票上「常跟其他商品一起售出的商品」。

首先將售出的商品列出來，並鎖定經常賣出的 4 種商品，再計算這些商品一起售出的機率。於是，便可預測購買零食的客人一定會買果汁，以及購買炸雞塊的客人有75%的機率會買啤酒。

像這樣細心整理顧客消費的明細收據，還是能找出有用訊息的。這種延續分析的方法稱為「資料探勘」（data mining）。如果您曾不小心買太多，那可能就是商家精心分析消費者行為而促成的結果。

| | 零食 | 茶飲 | 報紙 | 飯糰 | 麵包 | 啤酒 | 果汁 | 炸雞塊 | 便當 |
|---|---|---|---|---|---|---|---|---|---|
| 10 幾歲女 | 1 | | | | | | 1 | 1 | |
| 20 幾歲男 | | | | | | 1 | | 1 | |
| 60 幾歲男 | | 1 | 1 | | | | | | 1 |
| 20 幾歲女 | | 1 | | | 1 | | | | |
| 20 幾歲男 | | | | 1 | | 1 | 1 | 1 | |
| 30 幾歲男 | 1 | | | 1 | | 1 | 1 | 1 | |
| 10 幾歲男 | 1 | | | | | | 1 | | |
| 總計 | 3 | 2 | 1 | 2 | 1 | 3 | 4 | 4 | 1 |

7 位消費者購物一覽表。常購買的炸雞塊跟不常購買的報紙，兩者間的差異很清楚。

| | 零食 | 啤酒 | 果汁 | 炸雞塊 |
|---|---|---|---|---|
| 10 幾歲女 | 1 | | 1 | 1 |
| 20 幾歲男 | | 1 | | 1 |
| 60 幾歲男 | | | | |
| 20 幾歲女 | | | | |
| 20 幾歲男 | | 1 | 1 | 1 |
| 30 幾歲男 | 1 | 1 | 1 | 1 |
| 10 幾歲男 | 1 | | 1 | |
| 總計 | 3 | 3 | 4 | 4 |

彙整上表中售出 3 個以上的商品。

| | 零食 | 啤酒 | 果汁 | 炸雞塊 |
|---|---|---|---|---|
| 零食 | ✕ | 33 | 100 | 67 |
| 啤酒 | 33 | ✕ | 67 | 100 |
| 果汁 | 75 | 50 | ✕ | 75 |
| 炸雞塊 | 50 | 75 | 75 | ✕ |

購買某商品的客人，也會連帶購買其他商品的機率（％）。從這個表可知，如客人買了啤酒時，推薦他買炸雞塊成功的可能性很高。

# 大數據會顛覆統計的常識！

## 「大數據」有什麼用途？

大 數據（big data）好像多數指「記錄企業每天活動的巨量數據」。例如記錄於手機或自動導航系統中使用者的定位訊息、信用卡的刷卡紀錄、上網檢索的關鍵字等。

統計的技巧，不是直接調查巨大的母族群，而是從中取出部分資料（樣本）有效推估母族群的特徵。之所以會發展出統計學，本來就是因為要收集或要分析的資料太多，會耗費過多的時間跟精力。

但是，企業已大量透過電腦來自動儲存「大數據」。從此不必特地為了統計分析而花時間收集資料，只要能分析大數據，就能預期從母族群本身快速得到分析結果。

### 從汽車導航系統的行駛資料研究當時受災地區的交通狀況，資料已公開於網路

日本本田技研工業透過他們的汽車導航系統「internavi」，從配備該導航的車輛收集匿名的行駛資料（浮動車輛資訊，floating car data）。這些浮動車輛資訊會考慮塞車狀況，已應用於引導駕駛人行駛最通暢的路線前往目的地。

2011年3月11日，日本東北大地震發生後，日本本田技研工業將可通行的道路可視化，目前並已公開於網路上。訊息會每天更新，災區的居民要移動時或志工要前往災區時，都非常實用。

## 大災害發生後，
## 通行路線的可視化

地震發生約9小時後
的通行資料

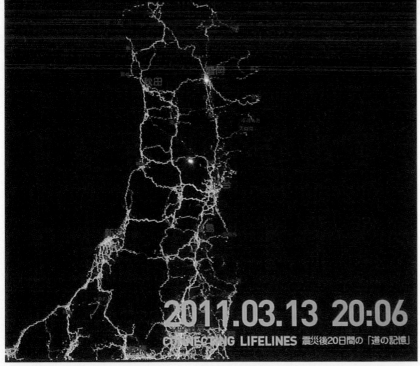

地震發生約2天後
的通行資料

**統**計的部分就講解到此，讀者們有什麼感想呢？

不僅在此書學習到平均與變異數、常態分布等統計的基礎，也了解統計其實很頻繁地出現在我們的生活中。

此外，書中也介紹了幾種隱藏於資料中的數字迷思及陷阱。抽選偏誤的資料會導致相反的結論，變成看起來有相關關係的案例，在日常所見的廣告跟網路新聞上也會時常看到。

正因為現在是資訊爆炸的時代，才要增強自己篩選有顯著意義訊息的能力。讀了這本書後，說不定您對周遭數字的看法會變得不一樣了呢！想要延伸更多統計資訊的話，請參考人人伽利略24《統計與機率：自基礎至貝氏統計》一書。

# 少年伽利略 04

## 對數
### 不知不覺中，我們都用到了對數！

相信許多人在學校中都學過「對數」。關於對數，您記住了哪些要點呢？或許也有人只要看到對數的符號「log」就感到頭痛！

同樣的，當聽到我們並不熟悉的「底數」、「真數」時，也許有人會產生排斥、不想了解的情緒。然而，只要按部就班來學，就會明白對數其實是很方便的工具。對數潛藏著魔法般的力量。

在閱讀本書的過程中，相信各位會逐漸發現對數的有趣之處。且讓我們一起進入對數的世界吧！

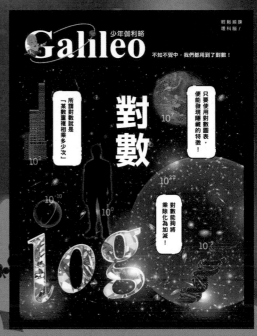

定價：250元

# 少年伽利略 08

## 統計 機率篇
### 用數值預測未來

樂透中獎機率有多少？球隊獲勝機率是多少？人生就是一直不停的在做「選擇」，然而選擇A跟B的機率不同，結果可能也會完全不同。

機率是學生時期會學到的重要單元之一，搭配著統計知識深入解讀數據後，我們竟然可以用數字預測未來會發生的可能性，例如合格率、中獎機率、下雨機率等，隨著AI技術逐漸成熟，我們又可以利用「貝氏統計」更正確地解讀機率。統計跟機率可說是大數據時代必備的知識，缺一不可。

定價：250元

【 少年伽利略 07 】

# 統計
## 大數據時代必備知識

作者／日本Newton Press
執行副總編輯／陳育仁
編輯顧問／吳家恆
翻譯／林筑茵
編輯／林庭安
商標設計／吉松薛爾
發行人／周元白
出版者／人人出版股份有限公司
地址／231028 新北市新店區寶橋路235巷6弄6號7樓
電話／（02）2918-3366（代表號）
傳真／（02）2914-0000
網址／www.jjp.com.tw
郵政劃撥帳號／16402311 人人出版股份有限公司
製版印刷／長城製版印刷股份有限公司
電話／（02）2918-3366（代表號）
經銷商／聯合發行股份有限公司
電話／（02）2917-8022
第一版第一刷／2021年6月
定價／新台幣250元
　　　港幣83元

國家圖書館出版品預行編目（CIP）資料

統計：大數據時代必備知識
日本Newton Press作；
林筑茵翻譯. -- 第一版. --
新北市：人人, 2021.06
面； 公分. ---（少年伽利略；7）
ISBN 978-986-461-247-5（平裝）
1.數學教育 2.統計 3.中等教育

524.32　　　　　　　110007699

## Staff

| | |
|---|---|
| Editorial Management | 木村直之 |
| Design Format | 米倉英弘 + 川口 匠（細山田デザイン事務所） |
| Editorial Staff | 中村真哉 |

## Photograph

| | |
|---|---|
| 10 | Spiroview Inc/Shutterstock.com |
| 47 | © Fotosearch.com, © michaeljung - Fotolia.com |
| 53 | © Minerva Studio - Fotolia.com |
| 73 | Sittipong Phokawattana/Shutterstock.com, Tatiana Gorlova/Shutterstock.com |
| 77 | 本田技研工業株式会社 |

## Illustration

| | |
|---|---|
| 4～52 | Newton Press |
| 54～76 | Newton Press |